國語學叢書 69

심리어휘부에 기반한 한자어 연구

안소진 저

태학사

서문

이 책은 2011년 8월 서울대학교 대학원에 제출한 박사학위논문 "심리어휘부에 기반한 한자어 연구"를 다듬은 것이다. 일부 설명을 보충하고 이 책의 범위 안에서 충분히 논의하기 어렵다고 생각되는 부분을 삭제하였다. 내용을 수정한 부분은 많지 않고 어색한 문장을 다듬는 수준에서만 손을 보았다.

대학원에서 공부를 하면서 '단어의 저장에 대한 논의의 얼마만큼이 실제와 일치하는 것이고 얼마만큼이 그저 논의에 그치는 것인가' 하는 점이 궁금했다. 이 책은 궁금증에 대한 답을 찾으려는 노력이다. 시작할 때는 새롭고 흥미로운 내용을 써 보겠노라며 기세를 부렸는데, 마치고 보니 부족한 부분이 너무 많다. 논지를 수정하지 않은 것도 수정할 부분이 없어서가 아니라 수정할 부분이 너무 많아 글이 누더기가 될까 염려해서다. 이런 글을 출판해도 되는 것일까 하는 두려움이 크다. 글에서 충분히 책임지지 못한 주장을 마음의 빚으로 가져야, 심지가 굳지 못한 필자가 평생 공부를 할 것이라 생각하며 불편한 마음을 위로한다.

박사논문을 쓰면서 논문은 개인의 힘이 아니라 학문공동체의 힘으로 완성된다는 생각을 했다. 처음의 궁금증이 논문의 모습을 갖추게 된 것은 모두 주위 분들의 가르침과 도움, 배려 덕분이다. 지도교수이신 송철의 선생님께서는 논문으로 완성될 수 있을지가 의심스러운 주제를 들고 온 제자를 격려해 주시고 서로 어울리지 못하던 내용들이 갈 길을 찾을 수 있도록 조언해 주셨다. 심사위원 선생님들께서도 좀 더 완성도를 갖춘 논문을 쓸 수 있도록 세심히 지도해 주셨다. 많은 선후배님들의 질문과 조언도 귀중한 자산이 되었다. 성함과 논저만을 알고 있을 뿐이지만 훌륭한 연구로 도움을 주신 많은 연구자 선생님들께도 감사드린다. 이 책이 학문

공동체의 연구 성과에 작은 것이라도 보탤 수 있다면 모두 이 분들 덕분이다. 또한 국어학총서로 선정해 주신 국어학회와 출판을 맡아 주신 태학사에도 감사드린다.

공부한다고 집안 대소사에 마음 쓰지 못했던 딸과 며느리를 너그러이 보아 주신 부모님과 어머님께 감사드린다. 배우자로서, 그리고 동학으로서 큰 힘이 되어 준 남편, 엄마가 학교 간다고 자꾸 나가도 쫑알거리며 잘 자라주고 있는 딸에게도 고맙다고 말하고 싶다.

2014년 6월
안 소 진

차 례

제1장 서 론

1.1. 연구 목적

국어 어휘에서 한자어가 차지하는 중요성은 연구자들이 이견 없이 인정하는 부분이다.[1] 양적·질적 중요성 때문에 한자어는 꾸준한 관심을 받아 왔고, 그 결과 고유어와 대비되는 한자어의 속성, 한자어 구성요소의 문법적 지위, 한자어의 분류 방식 등 가치 있는 연구 성과들이 축적되었다. 이러한 성과를 바탕으로, 이 책에서는 한자어를 심리어휘부와 관련시켜 고찰하려 한다. 좀더 구체적으로 말하면, '언어 사용자의 실제 한자어 운용'의 관점에서 한자어의 이모저모를 살펴볼 것이다.

언어를 연구하는 데에는 두 가지 구별되는 차원이 있다. 하나는 언어학자가 관찰자의 입장에서 자료를 관찰하는 것이고 다른 하나는 화자의 관점에서 언어 단위가 실제로 어떻게 운용되는지 고민하는 것이다.[2] 본고는

---

1) 국어 어휘의 상당 부분이 한자어이고 새로운 단어의 형성에도 한자어 요소가 중요한 역할을 한다. 심재기(1987: 26)을 따르면 1957년에 한글학회가 엮은 《우리말 큰사전》에서 한자어 대 비한자어의 비율은 53.02% 대 46.98%이다. 국립국어연구원 편 《표준국어대사전》에서는 전체 표제어 중 한자어가 57.3%, 고유어가 25.2%이다(국립국어연구원 2002ㄱ: 51). 국립국어원의 2005년 《현대국어사용빈도조사 2》에서 상위 1000개의 단어 중 한자어가 차지하는 비율은 46.3%이다. 한자어가 국어 어휘에서 매우 중요한 위치를 점하고 있다는 것을 확인할 수 있다. 한자어 요소의 조어력을 고려하면 중요성은 더 커진다. 국립국어원의 《2005년 신어》 자료집에서 한자어는 전체의 38%, 외래어는 10.3%, 고유어는 7.6%를 차지하며(국립국어원 2005ㄱ: xiv), 한자어 요소가 부분적으로라도 구성에 참여한 단어가 전체의 50% 이상이다.

2) 채현식(2003ㄱ: 73-75)에서는 언어 규칙의 두 가지 성격을 논의하면서 '언어 자료의 관찰자' 관점과 '언어 사용자'의 관점을 구별하였다. 언어학자가 관찰자의 입장에서 파악한 규칙은 화자가 단어를 운용하는 데 실제로 사용하는 규칙이라기보다 언어 자료가 보이는 분포적 규칙성을 드러내기 위하여 이용된 것이다. 언어 사용자의 관점에서 본 규칙은 실제로 화자의 인지체계 안에 들어 있는 언어 규칙이다.

후자의 입장을 취한다. 화자와 독립된 국어 어휘 체계 속에서 한자어라는 대상의 분포를 관찰하여 언어적 사실을 기술하고 설명하는 것이 선행 연구의 주된 경향이었다면 이 연구는 화자가 개입된, 대상의 운용에 관심을 둔다. 예를 들어, 선행 연구에서 한자어란 무엇인가를 규정하고 한자어로 정의된 요소의 음운·형태·통사·의미적 특성을 구명하였다면, 본고의 3장에서는 이러한 성과물을 활용하여 화자가 무엇을 한자어로 인식하는가, 한자어의 문법적 특성 중 한자어를 보다 한자어다운 요소로 인식하게 하는 것은 무엇인가를 밝히려고 하였다.

이러한 관점은 이전에 탐구되지 않았던 주제를 발굴하여 한자어의 다양한 면모를 살펴볼 수 있게 한다. 또한 언어 사용자의 관점에서 자료에 접근할 경우 기술된 현상이 나타나는 이유를 인지 능력 일반과 관련시키게 됨으로써, 심리적 실재성(psychological reality)을 염두에 두고 한자어 관련 현상을 보다 근본적으로 설명할 수 있게 한다.

본고는 한자어 형태론, 나아가 국어 형태론의 연구 영역을 확장할 가능성을 제시한다는 점에서도 연구의 필요성을 갖는다. 화자에 대한 고려는 자연스럽게 어휘부에 대한 탐색으로 이어지므로 이 글은 화자의 실제 한자어 운용에 기초한 한자어 연구이면서 동시에 한자어를 자료로 한 어휘부 연구의 성격을 띤다. 국어 형태론 연구의 성과물은 주로 단어 형성에 관한 것이거나 이를 연구하는 과정에서 파생된 것이었다. 이러한 경향은 한자어 연구에도 크게 다르지 않아서, 단어 형성론을 중심에 두고 고유어와 한자어의 단어 형성 방법에 공통점과 차이점이 있다는 점이 주로 논의되어 왔다. 하지만 형태론의 연구 영역은 새로운 단어의 생성에 국한되지 않는다. 새로운 단어의 형성은 개개인의 언어 생활에서 매우 드물게 일어나는 일이기에 오히려 인식의 문제, 저장의 문제 등 어휘부와 보다 밀접하게 관련된 부문에 대한 관심이 더 필요할 수 있다.

확장된 연구 영역은 언어학 연구의 목적에 부합하는 부문이기도 하다. 언어 자료의 관찰과 기술, 이에 대한 설명은 궁극적으로 '언어에 대해 화자가 알고 있는 것'을 제대로 특징짓기 위한 것이다. 자료의 분포를 관찰하여 기술된 내적 질서는 언어 구조의 일부라는 점에서 충분히 가치가 인정되지만 한편으로는 화자가 실제로 가지고 있는 언어에 대한 질서와 관련되어 있을 가능성이 높기 때문에 가치를 부여받기도 하였다. 화자에 대한 고려, 어휘부에 대한 탐구는 언어를 운용하는 질서에 더 가까이 다가갈 여지를 준다는 점에서 가치가 있다.

연구 영역의 확장에는 방법론의 변화가 수반되어야 한다. 어휘부에 대한 연구가 아직 그 초기 단계에 있는 것은 단어 형성론을 중심으로 진행된 국어 형태론 연구의 경향 때문이기도 하고(시정곤 2001: 164) 단어의 저장이라든가 저장된 단어들의 연결 조직, 단어의 처리와 관련된 사실을 지지나 반증이 가능한 논거로 뒷받침하면서 주장하기가 매우 어렵기 때문이기도 하다. 방법론적 한계는 현재까지의 국어 형태론 연구의 중심인 단어 형성론의 진행도 주춤하게 만들지 않았나 한다. 단어 형성론이 더 확실한 기반을 갖추기 위해서는 어휘부 관련 사실에 대한 논의가 필수적인데[3] 구체적인 근거를 갖추어 관련 논의를 진행하기가 매우 어렵기 때문이다. 이러한 배경 하에 많은 연구자들이 인간의 인지 체계 전반에 대한 관심 및 실험심리학적 연구를 통한 실제적 증거 수집이라는 연구 방법론적 지향에 공감대를 보이고 있다.[4] 심리어휘부에 기반한 한자어 연구는 이 과제를 한자어라는 자료와 실험적 방법으로 구체적으로 풀어나가려는 시도라는 점에서 필요성이 인정된다.

요컨대 본고는 언어 사용자의 실제 한자어 운용의 관점에서 한자어를 연구하는 것을 목적으로 하며, 화자의 인식에 기초한 한자어 연구이면서

---

3) 예컨대 단어 형성론을 어휘부 중심으로 전환하였다고 평가받는 유추론에서, 어휘부론은 저장부의 단어 간 연결로 단어 형성을 설명하는 과정에서 논의의 필요성이 부각되면서 진전된 것이다.

4) 채현식(1999, 2003ㄱ: 231-232), 시정곤(2004: 187), 송원용(2002ㄱ: 69, 2010), 황화상 (2010: 90) 등.

동시에 한자어를 자료로 한 어휘부 연구의 성격을 띤다. 한자어 형태론의 흐름에서는 한자어에 대한 새로운 사실을 밝히고 연구 영역을 확장하려는 시도라는 점에서, 국어 어휘부 연구의 흐름에서는 논의에 자료적·방법론적 보충을 꾀하려는 시도라는 점에서 연구의 필요성을 갖는다.

1.2. 연구 대상

본고의 구체적인 연구 대상은 다음과 같다.

첫 번째는 한자어라는 어휘 범주가 심리어휘부에서 보이는 특징이다(3장). 한자어란 무엇인가를 규정하고 한자어로 정의된 요소의 음운·형태·통사·의미적 특성을 구명하였던 기존 연구의 성과물을 활용하여, 화자가 무엇을 한자어로 인식하는가, 한자어의 문법적 특성 중 한자어를 보다 한자어다운 요소로 인식하게 하는 것은 무엇인가를 살펴본다. 한자어가 어떤 특징을 중심으로 어휘부에 범주화되어 있으며 그 이유는 무엇인지에 대해 설명함으로써, 한자어라는 집합 전체가 심리어휘부에서 보이는 속성을 드러낼 것이다.

두 번째는 한자어라는 복합 형태를 구성하는 구성요소가 심리어휘부에서 보이는 특징이다(4장). 한자어를 구성하는 요소의 문법적 자격에 대한 선행 연구를 바탕으로, 한자어 구성요소의 인지적 지위를 고민한다. 3장의 논의가 한자어라는 집합 전체가 심리어휘부에서 보이는 속성을 다룬 것이라면 4장의 작업은 한자어 집합의 내부로 들어가, 한자어 구성요소들이 어휘부에서 맺는 관계와 그 관계를 통해 형성되는 한자어 구성요소들의 지위 문제를 다룬 것이다. 구조적 분석에 의해 같은 기능적 지위를 부여 받는 요소들이 인식적 측면에서는 어떤 관계를 맺고 있는지 살펴보고, 그 관계가 형성되는 이유를 화자의 인지 능력에 기반하여 설명한다. 그리고 심리적 지위에 대한 설명이 한자어 구성요소에 대한 구조적 분석을 효과적으로 보완할 수 있음을 보일 것이다.

1.3. 연구 방법과 자료

'실제 운용의 관점에서 본 한자어'는 화자의 기억의 장소인 심리어휘부와 밀접한 관련을 맺는다. 심리어휘부에 대한 탐색은 직접 관찰이 불가능한 인간의 정신, 인지 과정에 대한 연구이므로 언어 자료의 수집·관찰이라는 전통적인 방법론만으로는 가정과 추론을 넘어선 논의를 펴기가 어렵다. 우리는 언어 자료 관찰을 통해 국어 화자의 언어 능력의 면모를 짐작해 왔다. 예를 들어, 명사파생 접미사 '-이'는 형용사로부터 척도명사를 파생시킬 때 반드시 긍정적 가치를 나타내는 형용사로부터만 척도명사를 만들 수 있다(길이/*짧이, 높이/*낮이, 깊이/*얕이, 넓이/*좁이; 송철의 1992: 100). 이와 같은 현상은 국어의 어휘 체계 내에서 척도명사 파생과 관련된 규칙성을 보여 주면서, 실제 화자의 정신과 관련된 언어 운용 방식의 단면을 깨닫게 한다.5) 자료의 내적 질서는 굳이 화자와 관련시키지 않아도 언어 구조의 일부라는 점에서 그 자체로 의미가 있지만, 화자가 언어를 운용하는 질서와 동일할 가능성이 높기 때문에 가치를 부여받아 온 면도 있다.

언어 자료를 만들어 내고, 저장하고, 발화하고 이해하는 주체가 화자이기 때문에 언어 자료에는 화자의 인식이 반영되어 있을 가능성이 매우 높다. 하지만 자료를 관찰한 결과를 화자의 머릿속 체계와 동일시할 수는 없다. 자료 관찰의 결과는 문법적 차원의 것이고 머릿속 체계는 심리적 차원의 것이기 때문이다. 뛰어난 국어학자가 넓은 범위의 국어 자료에 적용할 수 있는, 최대한 일반적인 기술을 하였다고 하여 그것이 곧 국어 화자가 그 일반적·추상적인 형태 또는 과정을 언어의 발화와 이해, 새로운 단어의 생성 과정에 실제로 사용한다는 것을 의미하지는 않는다. 단지 그 기술 중의 일부가 심리적으로 실재할 가능성이 있다고 말할 수 있을 뿐이다. 따라서 무엇이 문법적 차원과 심리적 차원의 교집합인지, 무엇이 문법

---

5) 임지룡(1985ㄱ, 1985ㄴ), 김창섭(1985) 참고.

적 차원에만 속하는 것이고 무엇이 심리적 차원에만 속하는 것인지를 고민할 필요가 있다.

이 고민의 해결을 위하여 본고는 언어학과 인지심리학을 인접 분야로 파악하는 최근의 국어 형태론 연구 경향의 연장선상에서 연구 대상에 접근한다. 언어 자료를 수집·분석하는 언어학의 일반적인 방법을 사용하되, 어휘판단과제를 통한 점화 효과의 관찰 등 실험적 방법을 추가하며 언어심리학, 언어병리학 등 관련 분야의 논의를 활용하는 것도 주저하지 않는다. 방법을 추가한다 해도 연구의 내용이 '어휘부의 실제'가 아닌 '실제의 후보'라는 점은 달라지지 않지만 기존의 몇몇 후보에 힘을 실어주는 등 상대적으로 구체적인 논의를 할 수 있을 것이다.

본고의 연구 방법은 크게 두 가지이다. 첫 번째는 한자어 자료의 수집과 관찰이다. 한자어에서 차지하는 비중이 큰 명사를 우선적인 자료로 삼는다. 국립국어원의 2005년《현대국어사용빈도조사 2》자료를 활용할 것인데6), 이 자료에서 한자어는 총 56,716개이고 그 중 명사는 43,981개로 한자어의 77.54%이다. 한자어 명사는 자료 전체에서도 비중이 높아서 전체의 53.31%를 차지한다.7)《현대국어사용빈도조사 2》자료를 사용한 이유는 관찰 대상을 사용이 확인되는 어휘로 제한할 필요가 있고, 인식의 문제에 있어서 단어의 빈도가 변수가 될 가능성이 있기 때문이다. 기본 자료에 더해 선행 연구의 자료도 종합하여 활용한다.

---

6) 이 자료는 국어 교육용 단계별 어휘 선정을 목표로 하는 사업의 중간 결과물이다. 1990년 이후 출판 문헌 중 표본을 선정하여 앞부분 5,000어절씩을 끊어 조사한 것이고, 최종적으로 300만 어절의 문헌 자료가 수집·분석되었다. 총 82,500개 항목으로 구성되어 있다.

7) 이용주(1974: 169)의 조사에서도 한자어 명사는 수집한 한자어의 77.26%, 전 어휘 항목의 54.49%를 차지하였다. 이용주(1974)의 한자어 명사 비율은 1956년에 문교부에서 간행한《우리 말 말수 사용의 잦기 조사》56,096 항목에서 계산한 것이다. 문교부 조사는 1945~1952년 사이에 간행된 초·중등학교 교과서, 문학작품, 신문, 국회 속기록, 방송 원고, 잡지 등의 어휘를 대상으로 하였다. 문헌의 성격에 차이가 있을 가능성을 배제할 수는 없으나, 국립국어원의 조사와 50년의 차이가 있음에도 한자어 명사의 비율이 거의 동일하다는 점이 특기할 만하다.

한자어 명사 중에서도 음절수가 2음절과 3음절인 단어로 대상을 제한하였다. 정확하게는 2음절 한자어 중 (1가)와 같이 구성요소가 모두 자립성이 없는 단어와, 3음절 한자어 중 (1나)(ㄱ), (1나)(ㄴ)과 같이 2+1 또는 1+2로 분석되면서 1요소가 자립성이 없는 접사적 요소인 한자어를 대상으로 삼았다.

(1) 가. 문제, 사회, 자신, 경우, 여자, 정도, 인간, 시간, 정부, 세계, 사실, 시대, 지금, 관계, 경제, 남자, 이상, 운동, 지역, 문화, 영화, 내용, 과정, 작품, 정치, 생활, 친구, 기자, 의미, 학교, 국가, 국민, 기술, 결과, 상황, 활동, 이유, 사건, 세상, 상태, 학생, 교육, 시장, 대학, 연구, 정보, 기업, 구조, 문학, 변화, 정책, 산업, 가족, 관심, 교수
　　나. (ㄱ) 효과적, 영화제, 계산기, 경영권, 노동계, 실험실, 계획서, 중심가, 조종사, 통신사, 운동복, 보급률, 검색어, 주변국, 광고인, 무력화, 통치력, 수도세, 진찰료, 홍행물
　　　　(ㄴ) 신소재, 여동생, 초고속, 대폭발, 최첨단, 대주주, 노부부, 동시대, 무임금, 고품질, 순이익, 다변화, 건자재, 재임용, 중징계, 친부모

음절수를 기준으로 연구 대상을 한정한 데에는 두 가지 이유가 있다. 우선 2음절어와 3음절어는 양적으로 한자어 명사 대부분을 포괄할 수 있다. 아래 표의 《표준국어대사전》 표제어 자료에서 알 수 있듯이 2, 3음절어는 국어 어휘 전반에서 차지하는 비중이 크고, 한자어 명사로 가면 그 비중이 더 커진다. 《현대국어사용빈도조사 2》에서 2음절 한자어와 3음절 한자어를 더하면 한자어의 86%가 된다.

[표 1-1] 한자어 명사의 음절별 항목 수[8]

음절수	《표준국어대사전》 표제어 수	《현대국어사용빈도조사 2》	
		한자어 명사 항목 수	한자어 명사 항목 예
1	6,421	890	벽
2	141,765	19,188	사회
3	121,368	18,708	선진국
4	102,895	4,437	대중문화
5	38,578	668	전자계산기
6	17,937	73	사무기기업체
7	6,838	9	최우수제작자상
8	2,877	3	건축도시조경학부
9	1,132	3	한국무역대리점협회
10	445	1	불가사의수중생해탈문
11	195	0	
12	86	1	농수산물도매시장관리공사
13이상	57	0	
계	440,594	43,981	

또한 2, 3음절 한자어를 택하면 질적으로 한자어 형태론의 핵심부를 다루게 된다. 한자어에서 음절수는 많은 것을 내포한다. 예컨대 1음절 한자어라면 대응되는 고유어가 없고 한자어임에도 고유어처럼 인식되는 경우가 많다.[9] 2음절 한자어라면 국어에서 자립적으로 쓰일 수 없는 요소로만

8) 《표준국어대사전》의 음절별 표제어 수는 국립국어연구원(2002ㄱ: 27)에 의한다. 《현대국어사용빈도조사 2》의 음절별 항목 수는 필자가 헤아린 것이다.

9) '벽(壁), 山(산), 江(강), 門(문)' 등의 단어가 그러하다. 이들 1음절 한자어는 대응되는 고유어를 통시적으로 확인할 수 없을 경우가 있을 정도로 어휘의 역사가 오래고, '사용 빈도가 높기 때문에 생활을 하기 위하여 꼭 알아야 하는 어휘'라는 의미에서의 '기본 어휘'에 해당하는 의미를 담당하는 만큼, 고유어로까지 인식될 수 있다(신중진 2002: 28). 또한 한자 형태가 자립성을 갖추면서도 대응되는 고유어가 존재하는 것처럼 보이는 경우에는 두 단어의 의미가 분화되어 있어서 호환이 불가능하다(이하 안소진 2009ㄱ: 42-43).
(ㄱ) 오도민 씨는 값이 먼 전화 속에서 더 길게 너스레를 떨었다.
(ㄴ) 내 친구 아버지는 친구들을 불러 고스톱을 치다가 꽝을 팔고 천 원을 땄다.

구성된 경우가 대부분이다. 《현대국어사용빈도조사 2》에서 19,000여개의 2음절 한자어 중 90% 이상이 (1가)와 같은 유형의 단어이다. 3음절 한자어 역시 90% 이상이 '접사적 요소+(1가)' 혹은 '(1가)+접사적 요소' 유형이다. 4음절 이상의 한자어는 대부분 2음절이나 3음절어에 다른 한자어 요소가 결합한 유형이다. 단어의 구조 및 성격과 음절수 간의 상관관계는 한자어의 중요 특징 중 하나다. 따라서 2, 3음절 한자어를 연구 대상으로 택하는 데에는 질적 타당성이 있다.

본고의 두 번째 연구 방법은 자극어에 대한 실험 참가자의 반응시간을 기록하는 실험적 접근 방법이다. 어휘부에 대한 심리언어학적 접근법에서는 실험적 방법이 포함된 다양한 수단을 동원하여 연구 대상의 모습을 밝히려 노력해 왔다. 그리고 이를 통해 어휘부의 모습을 확인할 수 있게 해 주는 결과들을 얻었다.[10] 이 연구에서는 실험적 접근법 중 범주판단과제(3장)와 어휘판단과제(4장)를 사용한다.

범주판단과제는 참가자에게 시각적 또는 청각적 자극을 제시하고 그것이 특정 범주에 속하는지 그렇지 않은지를 판단하도록 하는 실험 방법이다. 참가자는 자극을 보고 '예/아니오' 버튼을 가능한 한 빨리 누른다. 실험자는 참가자의 반응시간을 기록하고 그 결과를 해석한다. 심리언어학적 방법론을 사용한 선행 연구에서 어휘부와 관련된 몇 가지 중요한 현상이 발견되었는데, 그 중 범주판단과제와 관련된 현상으로 전형성 효과가 있

(ㄷ) 그녀는 기준을 만나러 가기 전에 얼굴에 분을 발랐다.
(이상 《연세한국어사전》 '감²', '광²', '분¹' 항목에서 가져옴)
(ㄱ)의 '감(感)'은 '전화기나 무전기 따위의 통신 기기가 전달하는 소리의 맑은 정도'의 의미여서 대응되는 고유어인 '느낌'으로 대치가 불가능하다. (ㄴ)의 '광(光)'도 '화투의 스무 끗짜리 패'라는 뜻으로 쓰이고 있어서 '빛'으로 대치하는 것이 불가능하다. 마찬가지로 (ㄷ)의 자립성을 가진 '분(粉)'은 '가루'가 아니라 '얼굴에 바르는 가루로 된 화장품'이라는 뜻이다. 자립성을 갖춘 1음절 한자어의 특징에 대해서는 송기중(1992), 안희제(2002), 신중진(2002) 등을 참고할 수 있다.
10) 심리언어학적 실험 방법과 그 결과 발견된 주요 현상은 Handke(1995: 162-171), 김지순 · Marcus Taft(1997), 송원용(2005ㄷ: 53-56)에 소개되어 있다. 2.2.에서 구체적으로 설명한다.

다. 전형성 효과는 전형적인 성원이 제시어일 때 그렇지 않은 경우보다 반응시간이 짧아지고 옳은 판단을 하는 비율이 높아지는 현상이다(Smith & Medin 1981: 34-35). 영어 화자를 대상으로 한 실험에서 '새'를 자극어로 제시하고 이어서 구체적인 새의 종류를 제시한 뒤 이것이 새 범주에 속하는지 아닌지를 판단하게 하였을 때, 영어 화자가 전형적인 새의 성원이라고 생각하는 '울새'가 제시된 경우가 '닭'이 제시된 경우보다 반응에 걸리는 시간이 짧고 판단도 정확하였다. 본고에서는 실험 참가자에게 어떤 단어를 시각적으로 제시하고, 그것이 한자어에 속하는지 고유어에 속하는지를 판단하여 한자어라고 생각하면 키보드의 특정 버튼을, 고유어라고 생각하면 다른 버튼을 누르도록 하였다. 반응에 걸리는 시간이 짧은 한자어, 반응에 걸리는 시간이 짧은 고유어 각각의 특징을 분석하여 전형적인 한자어와 고유어의 특징을 논의할 것이다.

어휘판단과제는 제시된 자극이 단어인지 아닌지를 판단하도록 하는 실험 방법이다. 참가자는 자극을 보고 '예/아니오' 버튼을 누르고 실험자는 참가자의 반응시간을 기록·해석한다. 어휘판단과제와 관련해 보고된 주요 현상은 점화 효과이다. 점화 효과는 먼저 제시된 단어가 나중에 제시된 단어의 처리에 영향을 주는 현상이다. 예컨대 표적 단어와 관련을 맺고 있는 어떤 단어에 대한 어휘 판단 후에 표적 단어의 어휘 여부를 판단하면, 관련이 없는 단어가 먼저 제시된 경우보다 판단에 걸리는 시간이 더 짧아진다. 점화 효과는 음운, 형태, 의미 등 여러 층위에서 나타날 수 있다. 형태 층위 점화의 한 예를 들면, Murrell & Morton(1974)에서는 형태적 관련이 있는 쌍(cars-car)과 표기적 관련만 있는 쌍(card-car)의 어휘 판단 시간을 비교하였다.[11] 동일한 표적어 'car'에 대한 어휘 판단이 표기적 관련만 있는 경우(card)보다 형태적 관련도 있는 경우(cars)에 더 빨랐다. Meyer & Schvaneveldt(1976)은 의미 점화의 예를 보여 주는데, 각 시행마

---

11) 이광오(2003ㄴ: 104-105)에서 재인용.

다 두 개의 단어를 연이어 제시하는 어휘판단과제에서 두 단어가 의미적으로 관련된 경우가 관련되지 않은 경우보다 두 번째 제시된 단어의 판단 속도가 더 빠르게 나타났다. 예를 들어 'butter'의 판단 속도는 'nurse'가 먼저 제시되었을 때보다 'bread'가 먼저 제시되었을 때 더 빨랐다. 점화 효과는 단어들이 어휘부 안에서 연결되어 있다는 사실을 암시하며 단어 간의 관련성을 판단하는 기준으로 사용된다. 본고에서는 실험 참가자에게 동일한 구성요소를 포함하고 있는 두 한자어를 연속해서 제시한 뒤 점화 효과를 관찰하여 어떤 한자어들 간에 강한 관련성이 있는지를 논의한다.

1.4. 연구사

한자어와 어휘부라는 주제를 다룬, 본고와 직접 관련된 선행 연구는 드물기 때문에 한자어 연구의 경향을 살펴본 뒤 본 연구가 선행 연구와 맺고 있는 관련성을 설명하는 것으로 연구사 검토를 갈음한다.

한자어 연구는 다양한 측면에서 진행되었다. 우선 어휘론적 관점에서 한자어에 접근한 논의들이 있다. 이용주(1974), 성환갑(1983), 심재기(1987), 김광해(1989) 등은 고유어와 대비되는 한자어의 기능과 의미 특성을 어휘론적 관점에서 탐구한 연구들이다. 이기문(1965, 1978), 심재기(1982), 박영섭(1987), 송민(1998) 등은 중세국어 시기에 차용된 어휘를 살펴보거나 개화기에 새롭게 유입된 한자어를 추적하는 등 한자어의 계보를 다루었다.

한자어 파생형태론의 체계를 염두에 두면서 한자어 요소들의 문법 범주 설정을 논의한 연구들도 있다. 김규철(1980)은 생성형태론적 관점에서 한자어 형성의 문제를 살펴보았고, 노명희(1990)은 국어 체계 내에서 기능하는 방식에 따라 한자어의 구성요소를 분류하였다. 노명희(1998, 2005), 김창섭(1999)에서는 한자어 구성요소를 국어 문법에서 의미 있는 것과 그렇지 않은 것으로 나누고, 접사적 성격의 한자어 요소들을 위한 범주를 설정한 뒤 개별 항목의 특징을 검토하였다. 김창섭(2001ㄴ)은 국어 문법에서 의미 있는 한자어 구성요소와 그렇지 않은 요소의 차이를 정교화하였다. 파생형태론 체계를 중심에 둔 것은 아니지만 송기중(1992)는 '한자어 형태소'와 '비한자어 형태소' 사이의 문법 기능 및 의미 기능상의 차이를 논하면서 한자어 형태론의 체계 확립을 시도하였다.

한자어 혹은 한자어 구성요소의 개별적 특성에 집중한 논의도 있다. 예컨대 조현숙(1989)는 어기의 특성을 바꾸는 부정접두사를 다루었고 노명희(2003ㄱ)은 구에 결합하는 접미한자어의 의미와 기능을, 노명희(2006ㄱ)은 국어 한자어와 고유어의 동의중복 현상을 다루었다. 이 외 특정 품사의 한자어라든가 개별 한자어 구성요소의 단어형성론적, 의미적 특성을 규명한 다수의 논의가 있다.

이 중에서 본고와 직접적인 관련을 맺고 있는 선행 연구는 송기중(1992), 노명희(1998, 2005)와 김창섭(1999, 2001ㄴ)이다. 이들 논의는 실제 운용의 문제를 본격적으로 다룬 것은 아니었지만 곳곳에서 한자어 및 한자어 구성요소와 화자의 문제가 거론되었다. 송기중(1992)에서는 한자어와 비한자어의 특징을 논하면서 국어 화자들이 비한자어와 대비되는 한자어의 특정 특징을 기준으로 두 부류를 상당히 정확히 구별할 수 있다고 언급하였다. 본고의 3장은 이 가능성을 가설로 삼아 실험을 통해 확인하려 한 장이다. 노명희(1998, 2005)와 김창섭(1999, 2001ㄴ)에서는 국어 화자의 운용 능력의 측면에서 볼 때 한자어 구성요소 중 고유어 형태소와 성격이 비슷한 것과 그렇지 않은 것이 있다는 사실이 지적되었다. 이들 연구는 한자어에서 한문 문법을 분리할 수 있다는 점, 그렇기 때문에 한자어의 상당 부분을 고유어와 같은 체계에서 다룰 수 있다는 점에 대한 중요한 시사점을 주었다. 또한 한자나 한문 지식의 정도에 따라 운용할 수 있는 한자어 부류가 다를 수 있다는 사실도 지적되었다. 4장은 이러한 시사점을 가설로 받아들인 뒤 검증을 통해 정교화한 성격을 갖는다.

제2장 기본적 논의

이 장에서는 본고가 '어휘부에 기반'하였다고 할 때 '어휘부'의 성격에 대해 논의한다. 앞서 이 연구는 '언어 사용자의 한자어 운용'의 관점에서 한자어를 조명하여 새로운 사실을 밝히는 것이 목적이고, 논의의 발단이 기존 한자어 연구에서 다룬 인식 관련 논의에 있다고 하였다. '언어 사용자, 실제 운용, 인식'과 같은 용어 사용에서 짐작할 수 있듯이 본고에서 어휘부라는 용어는 문법적 장치가 아닌 심리적 실재, 곧 심리어휘부를 가리키는 것이다. 1절에서는 심리어휘부의 성격을 설명하고 2절에서는 그 연구 방법을 소개한다.

2.1. 어휘부의 성격

국어 연구에서 '어휘부'는 '국어 단어의 총체적 집합, 대량의 어휘 정보, 문법 이론에서의 저장부, 어휘 및 어휘 관련 정보를 저장하는 기억의 장소' 등 다양한 의미로 사용된다. 국어사전을 어휘부라 칭하는 경우도 있고, 어휘를 수집하여 속성을 기술한 전산 자료를 어휘부라 하는 경우도 있다.[1] 대체로 어휘부는 '어휘와 그와 관련되는 언어적 속성의 총체'를 중심 의미로 하며, 적용되는 영역에 따라, 곧 어느 부문에서의 어휘의 총체인가에 따라 외연이 달라진다. 홍재성(1990: 247-248)은 어휘부를 '한 언어의 총체적 표상 모형의 일부로서, 그 언어에 속하는 모든 어휘 요소와 그와 관련되는 언어적 속성을 망라해서 표상하는 부문'이라 하고 아래 다섯 가

---

[1] 홍재성·이성헌(2007)에서는 전산 처리에 활용되는 언어 정보 데이터베이스(전산 사전)에 대하여 '전산어휘부'라는 용어를 사용하고 있다.

지로 나누었다.

(1) 어휘부의 종류
　가. 일반언어사전
　나. 어휘데이타베이스
　다. 순수한 언어학적 기술로서의 어휘부
　라. 자연언어처리 체계의 일부로서의 전산사전
　마. 어휘에 대한 심적 표상으로서의 어휘부

　이처럼 '어휘 요소와 그와 관련되는 언어적 속성이 총망라된 것'이라는 의미는 언어가 관련된 영역에 다양하게 적용될 수 있다.

　여러 의미의 어휘부 중 이 절에서 중점적으로 살펴보고자 하는 것은 '순수한 언어학적 기술로서의 어휘부'와 '어휘에 대한 심적 표상으로서의 어휘부'이다. 어휘부를 문법 모듈로 간주하는 경우는 전자, 곧 이론어휘부(theoretical lexicon)를 상정한 것이고, 어휘부를 머릿속 사전으로 간주하며 연구의 직접적 대상으로 삼는 경우는 후자인 심리어휘부(mental lexicon)를 상정한 것이다(송원용 2005ㄷ: 32). 둘은 궁극적으로는 같은 것일 수 있지만[2] 연구자에 따라 두 어휘부의 차이점이 강조되면서 '어휘부'가 매우 다른 의미로 사용되기도 한다. 연구의 지향과 방법론이 어휘부가 의미하는 바를 결정하기 때문이다.

---

2) 몇몇 연구자들이 지적해 왔듯이, 서로 다른 차원에서 도입된 두 어휘부가 궁극적으로 서로 구별되어야 하는 것은 아니다(채현식 2003ㄱ: 25, 송원용 2005ㄷ: 30). 심리언어학과 순수 언어학이 모두 화자의 언어 능력을 밝히는 것을 공통의 목표로 삼는다면 순수 언어학이 가정하는 어휘부 역시 화자의 실제 어휘부를 지향해야 한다고(채현식 2000: 11-12) 볼 수 있기 때문이다.

2.1.1. 이론어휘부

이론어휘부는 일종의 언어학적 기술이다. 문법의 영역 내 장치로서의 어휘부는 Chomsky(1965) 이후 생성문법가들이 이론 내 장치로 다양한 어휘부 모델을 도입하면서 시작되었다고 볼 수 있다. 생성문법의 어휘부 모델 설정 시 중요하게 고려되는 것은 타당한 결과물 산출, 문법의 경제성, 이론 내적 정합성 등이다. 모델의 적용으로 해당 언어의 음운 현상 및 형태론적 현상과 일치하는 결과물을 얻을 수 있어야 하고, 같은 결과를 도출한다면 저장을 최소화하고 도출 과정의 장치도 단순화하여 비용을 줄일 수 있는 모델이 선택된다. 또한 어휘부 모델의 논리는 그 어휘부를 포함하고 있는 문법 이론의 다른 영역들의 논리와 배치(背馳)되지 않아야 한다.

문법 모듈로서의 이론어휘부를 상정하는 연구자는 언어 사실과 부합하는 결과물을 내놓을 수 있는 문법 모델을 만드는 데 관심을 둔다. 하지만 그 모델의 내부 메커니즘이 실제와 일치하기 때문에 언어 사실과 부합하는 결과물을 산출한 것인지, 아니면 다른 과정을 통해 동일한 결과물을 내놓은 것인지에 대해서는 큰 관심을 두지 않는다. 예를 들어, 이론어휘부에서는 복합 형태를 도출할 때 그 구성요소를 입력으로 하고 복합 형태 전체를 출력으로 하는 규칙을 상정하는 경우가 많은데, 이 때 규칙은 화자가 따르는 것이라고 상정되기는 하지만 규칙의 심리적 실재성은 고려되지 않는 편이다. 어떤 문법이 언어 자료를 적절하게 설명할 수 있다면 그 문법 규칙은 실재하느냐와 관계없이 올바른 것으로 간주되기 때문이다(채현식 2005: 570).

2.1.2. 심리어휘부

2.1.2.1. 실재하는 어휘부로서의 심리어휘부

심리어휘부는 어휘에 대한 심적 표상으로서의 어휘부, 실제 기억의 장소이다. 심리어휘부는 심리언어학의 대상이 되는 어휘부라고 하여 이론어휘부와 구분하기도 한다. 심리언어학에서는 실제와 일치하는 어휘부 모델을 발전시키려 하기 때문에 실험적 방법이나 언어습득 과정에서 얻게 된 사실 등 경험적 방식으로 심리적 실재성이 검증되지 않는다면, 문법의 경제성과 이론 내적 정합성을 위해 설정되는 각종 장치들은 중요하지 않다.

[표 2-1] 설명 준거의 유형(Van Valin & LaPolla 1997: 7)

설명 대상 영역	이론 내적 준거	외적 준거	
		언어적 준거	언어 외적 준거
통사론	경제성, 동기, 예측성	음운론, 의미론, 통사론, 언어 처리 등	추론, 범주화, 지각 등

위의 표는 어떤 언어학적 대상을 설명하는 준거의 유형을 나누어 본 것으로, 본래 통사론을 대상으로 한 것이지만 어휘부 연구에 적용시켜 보아도 유용하다. 어휘부라는 설명 대상 영역이 있을 때 설명의 준거는 이론 내적인 것과 외적인 것으로 나누어 생각할 수 있다. 이론어휘부를 상정할 경우 이론 내적 준거와 언어적 준거, 특히 이론 내적 준거를 설명의 근거로 삼는다. 심리어휘부를 상정할 경우 이론 외적인 것을 설명의 준거로 사용한다. 이론 내적 준거에 의해 어휘부를 설명하는 방식, 즉 어휘부를 직관적 분석을 통해 구축된 형식 이론의 일부로 보고 직관적·논리적 분석에 근거해 어휘부의 구체적인 모습을 설정한 뒤 재차 논리적 분석에 근거해 수정하는 방식은, 실제 기억의 장소로서의 어휘부를 상정하는 입장에서는 수용하기 어렵다. 이론을 가설로 간주하고 실험 연구의 자료 등으로 이를 검증하는 심리학의 방식이 심리어휘부를 설명하는 방식으로 선택된다.

이론 내적 준거가 적용되는 이론어휘부가 언어학만의 연구 영역이라면 심리어휘부는 언어를 연구하는 다양한 학문의 관심이 교차하는 영역이다. 이정모(1997)에서는 언어학(그 중에서도 특히 통사론을 중심으로 하는 Chomsky 언어 이론)과 심리학이 인간의 언어를 설명한다는 궁극적인 목표를 같이 하면서도 두 학문 간에 심각한 괴리 상태가 지속되고 있다는 점을 지적하고,3) 두 학문의 소통이 필요한 현 시점에서 볼 때 인지과학의 틀 안에서 전개되는 심리어휘부 연구가 성공적인 소통의 장이 될 수 있음을 언급하고 있다. 심리어휘부 연구는 담화인지, 언어습득, 신경인지 연구와 함께 언어학과 언어심리학의 긍정적 접촉이 이미 이루어지고 있고 앞으로도 학제 간 연구가 기대되는 연구 분야로 꼽힌다(이정모 1997: 71-72).

언어학의 다양한 연구 경향 중 인지언어학이 이러한 소통의 장에 가장 가까이 있는 연구 경향이라 할 수 있다. 인지언어학은 언어의 탐구가 제대로 이루어지려면 인간의 인지 능력을 고려해야 한다는 지향을 가진 연구 패러다임으로, 언어 이론과 언어 능력의 본질과의 괴리를 경계하면서 생성문법으로 대표되는 형식언어학과 기본 가정을 달리한다는 면에서 인지과학 일반과의 접점을 갖는다. '인간 정신의 다양한 양상들이 동일한 과정의 지배를 받는가, 아니면 서로 다른 과정의 지배를 받는가?' 하는 물음에 대해 형식언어학이 '정신은 서로 구분되는 모듈로 이루어져 있고 각 모듈은 서로 다른 인지 과정의 지배를 받는다'고 답한다면 인지언어학은 '정신의 과정들은 정신의 다양한 양상 및 능력과 대체로 동일하다'고 본다 [Kövecses 2006/임지룡·김동환(역) 2010: 31-36]. 형식언어학에서 언어 능력은 정신의 다른 능력과 구별되는 특이하고 독립적인 능력이지만 인지언어학에서는 언어 능력이 기타 다양한 인지 능력과 동일한 원리에 기초한다고 보기 때문에 기억, 범주화, 추상화, 연상과 같은 심리적 현상들을

---

3) 이정모(1997)을 따르면 언어학과 심리학이 늘 괴리를 보였던 것은 아니다. Chomsky 이론이 나타난 직후인 1960-70년대에, 언어에 관심이 있던 심리학자들의 일차적 반응은 Chomsky 문법의 심리적 실재성을 검증하는 것이었다고 한다. 문법의 심리적 실재성이라든가 구절 구조, 변형, 심층구조의 심리적 실재성, 언어 습득의 생득성 등이 검증의 대상이 되었다. 그러나 역설적이게도 통사 이론의 실재성을 증명하려던 연구들은 Chomsky 이론에 대한 회의를 가져왔고, 그 결과 심리학과 언어학이 서로 괴리되었다. 경험적 학습과 보편적 인지 과정을 중시하며 언어의 의미적·화용적 측면과 수행 측면을 강조하는 심리학자들로서는 언어를 본유적인 것, 일반 인지 능력과 구분되는 단원적인 것으로 보고 언어의 형식적·통사적 측면과 능력적 측면을 강조하는 Chomsky의 이론에 계속 공감할 수는 없었다(이정모 1997: 53-59).

참고하여 언어 능력을 기술하고 설명한다.[4] 일반 인지 능력과 구별되는 선천적 언어 능력이나 규칙으로 대변되는 선험적 문법을 가정하지 않으며 언어 표현들을 비교하여 분류하고, 공통성을 추상화하여 범주화하고, 언어 표현들 사이를 연결하여 네트워크를 형성하는 일반 인지 능력으로 화자의 언어 능력을 설명한다(채현식 2009: 271-272). 언어 능력은 인지 능력의 하나이고 인간과 분리된 객관적인 구조가 아니라 물리적인 인간 곧 신체나, 인간의 경험, 두뇌의 속성과 밀접한 관련을 맺는다는 입장을 취하기 때문에 인지심리학, 뇌과학 등 관련 인지과학 분야와의 협력도 중요하게 생각된다.

이러한 성격을 가진 인지언어학의 관점에서 어휘부는 심리어휘부일 수밖에 없다. 어휘부에 대한 여러 가정들은 이론 외적인 지원을 받을 수 있어야 하고 그러지 못할 경우 언어에 대한 설명으로서 가치를 갖지 못한다. Langacker[2002/나익주(역) 2005: 438-439]에 제시된, 영어의 복수형 생성 규칙에 대한 비판을 예로 들어 보자. 영어에서는 복수형을 만드는 규칙을 설정할 수 있고, 'dogs, trees, toes, pins, bells, walls, eyes'와 같은 표현들은 이 규칙의 결과물과 일치한다. 이론어휘부에서 준거의 하나로 삼는 기술의 경제성을 추구할 경우 이 규칙은 영어 문법의 일부가 되고 그 결과 'dogs, trees, toes'와 같은 규칙적인 항목은 어휘부에서 제거된다. 그런데 복수가 보이는 규칙성은 실제 표현들을 관찰해야만 습득될 수 있으므로 실제 표현들 중의 일부는 패턴이 추출되기 전에 단위가 될 가능성이 높다. 복수 형성 규칙이 습득되면 복수형이 친숙한 단위 지위를 갑자기 상실하고 그 후로부터는 영(零)에서 계산되어 나와야 한다는 가정에는 신뢰할 만한 근거가 없다고 볼 수 있다. '화자가 잉여성이 없는 언어 구조의 표상을 통해 언어를 운용한다는 것이 사실인가? 어떤 구성들이 보이는 구조가 일반적인 규칙과 일치하는 경우에 화자들은 각각의 구성에 대한

---

4) 인지심리학의 범주화 개념이 의미론에 도입된 것이 한 예이다. 3.3.2. 참고.

학습이나, 그 학습을 통해 구조를 파악하게 되는 것을 꺼리는가?'와 같은 질문에 대한 고려가 없기 때문이다. 경제성을 우선시하면서 그 적정성에 영향을 미치는 다양한 인지적 요인을 입증하려는 시도 없이 기술된 규칙은 어휘부 자체의 성질을 따져 보지 않은 채 근거 없이 선언된 것일 수 있다[Langacker 2002/나익주(역) 2005: 436].

이상에서 살펴본 바와 같이, 심리어휘부는 실제로 존재하는, 기억의 장소로서의 어휘부이며 심리언어학에서 탐구하는 어휘부와 일치한다. 심리어휘부 연구는 존재하는 대상을 탐구하는 것이기 때문에 이론 내적인 부분을 설명의 준거로 삼지 않고 실험 연구의 자료와 인접 학문의 연구 성과 등을 근거로 어휘부의 모습을 그리려 노력한다. 일반 인지 능력을 고려한 검증을 통해 실재성을 갖춘 어휘부 모델을 추구한다는 점에서 인지과학 일반과 협력할 가능성을 갖는다.

본고에서 전제하는 어휘부는 위의 내용을 지향하는 심리어휘부이되, 그 구체적인 모습은 내부 구조를 상정하지 못한, 머릿속 사전 곧 저장부라는 소박한 것이다.[5] 어휘부 내에 어떤 구획이 있는지 그리지 않으며 저장되는 단위의 범위에 대해서도 논의하지 않는다. 본고는 상정한 어휘부 모델은 실재성을 갖추었는지 검증되어야 한다는 입장을 갖고 있는데, 이 글의 본론은 한자어의 저장과 관련된 구체적 항목 검증이 중심이기 때문에 어휘부 모델을 상정할 경우 본 논증의 범위 안에서 논의를 감당하기 어렵다. 본고에서 다루는 자료는 분명한 단어여서 어휘부 저장 여부가 논란이 되지 않으므로 어휘부에 어떤 단위들이 저장되는가와 관련된 가정도 하지 않는다.

2.1.2.2. 추상화된 어휘부로서의 심리어휘부

심리어휘부가 실제로 존재하는 어휘부라면 그것은 개개인의 어휘부여

---

5) 어휘부 구조에 대한 여러 논의는 최형용(2013)에 상세히 분석·정리되어 있으니 참고바란다.

야 한다. 그런데 개개인의 어휘부는 모두 다르다. 저장된 어휘의 양이 다르고, 어휘에 부가된 상세 정보가 다르고, 어휘의 분류가 다르고 서로 긴밀하게 연결된 어휘의 종류가 다르다. 심리어휘부를 연구 대상으로 할 때는 이러한 차이보다는 개인과 개인 사이의 공통점에 초점을 맞춘다. 실제적 검증을 한다면 그 대상은 특정한 개인들이겠지만 같은 언어를 사용하는 개인들의 어휘부에 공통점이 있다는 것을 전제로 연구가 진행된다. 요컨대 심리어휘부는 이론어휘부와 비교할 때는 실제적·구체적인 어휘부이지만 개별 화자의 어휘부와 비교할 때는 어느 정도 추상화된 어휘부이다.

추상화된 어휘부로서의 심리어휘부를 연구하는 일이 가능하고 가치 있을 수 있는 이유는 같은 언어 공동체에 속하는 화자의 언어 경험에 공통점이 있기 때문이다. 개인의 어휘부는 반복되는 언어 경험을 통해 구성되는데 많은 경우 사람들은 같은 언어 공동체에 속하는 다른 사람들과 언어 경험을 공유한다. 연상어로 예를 들면, 어떤 단어를 들었을 때 연상되는 단어에는 개인차가 있을 수 있음에도 불구하고 연상어를 조사하여 보면 같은 항목이 상당히 많이 발견된다. 아래는 이찬규(2001, 2002)의 연상어 목록의 예이다. 국어 화자의 연상어의 공통성을 확인할 수 있다.

[표 2-2] '행복'의 연상어 (이찬규 2001: 13)

고등학생(957명)		대학생(1,128명)		일반인(96명)	
사랑	126	사랑	246	가족	18
가족	124	가정	164	가정	12
돈	35	가족	99	사랑	6
HOT	29	HOT	66	마음	3
웃음	28	기쁨	57	미소	3
집	27	웃음	38	나	2
가정	27	불행	28	돈	2
잠	25	만족	27	아기	2
기쁨	24	미소	25	웃음, 미소	2
즐거움	21	집	24	평화	2

연상어에 대한 연구가 의미를 갖는 것은, 연상어가 같은 언어를 사용하는 언중들이 공통의 언어 경험을 통해서 형성되는 의미 관계 속에 있는 것이어서 언중이 공유하는 부분이 존재하기 때문이다(이광호 2009ㄴ: 182). 화자는 한 단어가 다양한 환경에서 다른 단어들과 함께 어울려 사용되는 것을 경험하게 되고, 이 경험의 축적을 바탕으로 단어 혹은 개념들 사이의 연결이 형성된다. 개개인의 언어 경험은 모두 다르므로 연상어에는 개인차, 세대차, 직군별 차이 등이 있고, 이것이 연구 대상이 될 수도 있다. 예컨대 위의 표에서 고등학생과 대학생의 연상어에만 대중가요 가수인 HOT가 포함되어 있는데 이것은 '행복'이라는 단어를 보았을 때 응답자가 추상명사 '행복'이 아닌 유행하는 가요 제목을 떠올렸기 때문이다. 고등학생과 대학생에게 미치는 대중가요의 영향력을 논한다든가 하여 이러한 사실 자체를 연구 대상으로 삼을 수도 있을 것이다. 하지만 이러한 차이를 근거로 연상어가 공통적이라는 사실을 부정할 수는 없다(이광호 2009ㄴ: 182). 심리어휘부 전반에 대한 연구도 마찬가지여서, 개개인의 어휘부에는 차이가 있지만 같은 언어를 사용하는 개별 화자의 어휘부 간에 공통점이 있다는 사실을 부정하기는 어려우며, 이러한 공통점을 전제로 심리어휘부를 연구 대상으로 삼을 수 있다.

2.2. 심리어휘부 연구의 방법론

심리어휘부 연구는 언어학에서 전통적으로 사용하던 방식과는 연구 방법론을 달리하여 인지적 관점의 접근법, 주로 심리언어학적 접근법을 취하게 된다. 심리언어학적 접근은 표면적으로는 실험 연구의 자료를 활용하는 것이라고 할 수 있고, 좀더 근본적으로는 설명 이론의 강조점을 달리하는 것이라고도 볼 수 있다. 이정모(1997)은 언어라는 동일한 대상을 탐구함에도 언어학과 언어심리학 사이에 괴리가 일어나는 원인을 설명하면서 두 학문의 과학적 설명 이론이 다르다는 점을 지적하였다. 언어학에 있어서 설명의 기본 양식은 단순화이고 심리학에서 설명의 기본 양식은 인과적 설명이기 때문에 둘 사이의 접점을 찾기가 어렵다는 것이다. 언어학은 이전에는 설명하지 못했던 언어 현상, 또는 복잡한 체계로 설명하였던 현상을 보다 더 단순한 형식 이론으로 기술하면 이를 설명한 것으로 간주한다. 그러나 심리학에서는 이러한 형식적 기술은 설명이 아니라, 그 자체가 추가로 다른 경험적 근거를 활용해 설명해야 할 대상이 된다(이정모 1997: 70).

어휘부에 대한 심리언어학적 접근법에서는 경험적 뒷받침을 위해, 어휘부에 저장된 항목을 활용해야 수행할 수 있는 다양한 과제를 고안하고 과제 수행 결과를 분석하여 유의미한 해석을 시도하였다. 어휘부 관련 연구, 특히 어휘처리 과정에 대한 연구들에 사용되는 대표적인 과제와 이러한 과제 수행의 결과 관찰된 효과들을 김지순·Marcus Taft(1997: 188-192)의 설명을 참고하여 아래에 소개한다.

어휘부 연구를 위한 과제는 직접과제(direct tasks)와 간접과제(indirect tasks)로 나누어 볼 수 있다. 직접과제는 실험에서 보고자 하는 것이 과제를 수행할 때의 반응시간이나 오류율 같은 실험 참가자의 반응인 과제를 말하고, 간접과제는 실험 참가자의 반응이 직접 과제에서처럼 자극의 처리에 대한 직접적인 반응 지수로서의 의미를 갖기보다는 다른 변인의 효과를 나타내는 반응 지수로서의 의미를 갖는 과제를 말한다.

직접과제로는 순간노출기 확인(tachistoscopic identification), 명명과제(naming task), 어휘판단과제(lexical decision task) 등을 들 수 있다.

(2) 어휘부 연구를 위한 직접과제의 예
　　가. 순간노출기 확인(tachistoscopic identification): 자극 단어가 아주
　　　　짧은 시간 동안 제시되고 실험 참가자는 단어가 무엇이었는지 알
　　　　아보거나 자극에 대한 부분적인 정보를 얻어 내는 과제를 수행한
　　　　다. 자극 제시 시간에 따라 실험 참가자가 보고하는 내용이 달라질

수 있다는 가정과, 실험 결과를 바탕으로 시간에 따른 문자 정보
처리 내용 및 과정을 밝힐 수 있다는 가정 하에 구성된 과제이다.

나. 명명과제(naming task): 참가자는 시각적으로 주어진 자극을 소리
내어 읽고, 읽기가 시작되기까지의 시간이 측정된다. 읽기가 시작
되기까지의 시간이 어휘부 정보의 활용에 필요한 시간과 관련을
맺는다고 가정된다.

다. 어휘판단과제(lexical decision task): 참가자는 주어진 자극이 단
어인가 아닌가를 판단하여 '그렇다/아니다'로 반응하고 반응속도
와 정답률이 측정된다. 어휘처리 연구에서 매우 유용한 도구로 간
주되어 가장 일반적으로 사용되는 과제이다. 비단어(非單語)가 제
시되었을 때 이 철자 연쇄가 단어인지 아닌지 판단할 수 있는 유
일한 방법이 주어진 비단어 자극이 어휘부 정보 내용과 일치하는
지 확인하는 것이어서, 이 과제 수행 시에는 어휘부에 저장된 항
목을 활용한다는 것이 거의 확실시되기 때문이다.

이 외에도 실어증 환자 등을 대상으로 문장에서 비어 있는 부분을 채워
넣게 하는 단어채워넣기과제(word completion task) 등 다양한 직접과제
가 있다.

간접과제의 예로는 점화 효과를 확인하기 위한 과제들을 들 수 있다.
점화 역할을 하는 자극과 목표 역할을 하는 자극을 주고 목표 자극에 대
한 어떤 과제 수행 시 점화 자극이 목표 자극의 처리에 영향을 미치는지
관찰하였을 때 점화 자극이 목표 자극의 처리에 어떤 영향을 미쳤다면 점
화 효과가 나타난 것이다. 직접과제를 통해서는 빈도, 품사 등 개별 단어
와 관련된 사실에 따른 반응 특성을 관찰하게 되는 반면, 점화과제와 같은
간접과제를 통해서는 단어 간의 의미 관련 정도, 연상 정도 등 단어들의
연결 관계를 검토하게 된다.

이러한 과제들을 수행한 결과 관찰된 효과로 아래와 같은 것이 있다.

(3) 심리언어학적 과제 수행의 결과 관찰된 효과들

　가. 빈도 효과(frequency effect): 사용 빈도가 높은 단어에 대한 어휘
　　판단과제 반응시간은 빈도가 낮은 단어에 비해 짧다. 어휘처리 과
　　정을 어휘부 탐색 과정으로 본다면 어휘부의 단어가 빈도순으로
　　되어 있어 빈도가 높은 단어에 대한 어휘 접근이 빈도가 낮은 단
　　어에 우선한다고 볼 수 있다. 어휘처리 과정을 저장된 정보의 활
　　성화 과정으로 본다면 빈도가 높은 단어의 활성화 역치(閾値)가
　　그렇지 않은 단어보다 낮아 같은 강도의 자극이 제시되었을 때 활
　　성화될 확률이 높다고 설명할 수 있다.

　나. 비단어에 대한 단어의 우위 효과(lexical status effect): 어휘판단과
　　제를 수행하였을 때 자극어가 단어인 경우가 자극어가 비단어인
　　경우보다 판단 시간이 짧다. 어휘 처리 과정이 일종의 어휘부 검
　　색 과정이라고 할 때 비단어는 그에 부합되는 항목이 없는 만큼
　　간섭 등과 같은 외부적 조건으로 검색이 중단될 때까지는 계속 검
　　색 중에 있게 됨으로써 처리가 늦어진다고 설명할 수 있다.

　다. 단어 유사성 효과(word similarity effect): 비단어 철자가 단어와
　　유사할 경우 어휘판단과제의 반응시간이 느려지고 판단 정확도도
　　떨어진다. 어휘부 탐색 과정에서 비단어가 단어와 비슷할 경우 혼
　　동이 일어날 수 있고 그러한 단어들을 확인해 보는 절차가 시간을
　　지연시킨다고 설명할 수 있다.

　라. 반복 점화 효과(repetition priming effect): 앞에서 한번 제시된 단
　　어가 다시 제시되면 반응시간이 짧아진다. 어휘처리 과정을 어휘
　　부 탐색 과정으로 보았을 경우 한번 제시되어 검색된 단어는 잠정
　　적으로 목록에서 가장 앞에 놓이기 때문에 다시 단어가 제시되면
　　어휘 접근이 빨리 이루어진다고 할 수 있다. 저장된 정보의 활성
　　화로 설명할 경우 단어가 한번 활성화되면 원상태로 돌아갈 때까
　　지 일정 시간 동안 평소보다 높은 활성화 상태를 보이고 이 때문

에 다시 제시된 단어가 훨씬 수월하게 역치에 도달하게 된다고 설명할 수 있다.

이러한 실험 연구 자료에 근거하여 국어 어휘부를 탐구한 심리언어학 연구들이 있다. 그 중 형태소 처리에 관한 연구들이 주목된다. 형태소 처리에 대한 연구는 주로 복합어(complex word)의 처리나, 용언활용형과 파생어의 표상 등을 대상으로 한다. 정재범 외(2003)은 합성명사의 어휘부 표상 양식을 알아보기 위해 어휘판단과제, 반복점화과제 등을 실시한 결과 한국어 합성명사는 대부분 결합형 전체로 의미에 접근하되, 의미 접근 시 구성요소의 영향이 전혀 없는 것은 아니라는 결과를 얻었다. 김윤정 외 (2000)은 규칙 용언과 불규칙 용언이 어휘부에 어떤 형태로 표상되어 있는지 알아보기 위해 실어증 환자를 대상으로 단어채워넣기과제를 실시하였다. 주어진 용언 기본형을 문장의 문맥에 맞게 활용시켜 채워 넣는 과제를 실시한 결과 환자들은 규칙 용언의 활용(먹다/먹는)과 불규칙 용언의 어간 형태를 유지한 활용(줍다/줍고)에서는 거의 오류를 보이지 않았으나 불규칙 용언이 모음어미와 결합하여 어간 형태가 변화를 겪어야 하는 경우(줍다/주워)에는 많은 오류를 보였다. '규칙 용언의 경우 어간, 어미의 분리 등재 가능성과 활용형 전체 등재 가능성이 모두 있는 것과 달리 불규칙 용언은 활용형 전체가 등재될 가능성만이 있다'는 결론이 제시되었다. 황유미 외(2003)은 굴절소구(IP)를 시제구(TP), 부정어구(NegP), 일치소구 (AgrP) 등으로 세분화한 Pollock(1989)의 이론을 기본 가정으로 하고, 문법 형태소와 관련된 장애를 보이는 실문법증 환자를 대상으로 단어채워넣기과제를 실시하여 한국어 기능 범주의 처리 양상이 기본 가정과 얼마만큼 일치하는지 논의하였다. 황유미 외(2004)는 언어심리학 실험 연구에서 밝혀진 사실들을 바탕으로 한 뇌과학 실험 연구인데, 어휘부에서 굴절접사와 파생접사의 표상이 어떤 형태로 되어 있는지 알아보기 위해 선어말어미와 파생접사의 산출시 활성화되는 대뇌영역을 살펴본 결과, 선어말어미의 뇌활성화 영역이 파생접사류와 유사하다는 결론을 얻었다.[6] 다수의 실험 결과가 대상 항목의 전체 등재를 지지하는 방향으로 해석되고 있다는 점이 눈에 띈다.

국어 어휘부 연구에서도 가설에 대한 실험적 검증이 시도된 바 있다. 송원용(2005ㄱ)에서는 아래와 같은 어휘부-유추 모형의 어휘부 모델을 상정하고 어휘판단과제를 응용한 판단과제를 검증 방식으로 택하였다.

[그림 2-1] 송원용(2005ㄱ)의 어휘부 모델

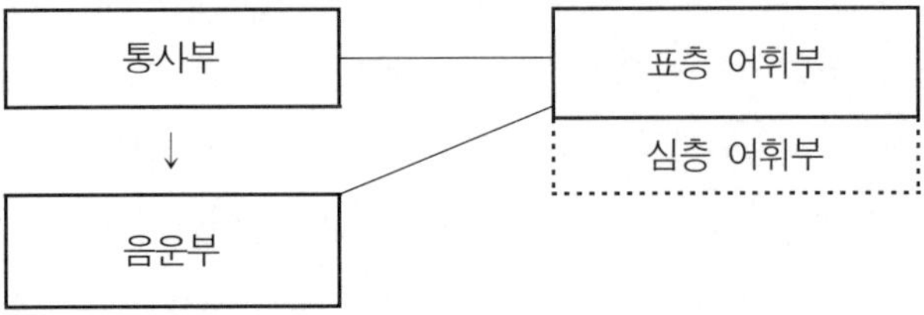

위의 모델에서 어휘부는 표층 어휘부와 심층 어휘부로 구분된다. 표층 어휘부에는 모든 등재소가 저장된다. 심층 어휘부에는 단어 형성에만 참여할 뿐 통사 구성의 형성에는 참여할 수 없는 형태론적 단위들(표층 어휘부에 저장된 단어 연결망을 통해서 인식된 형태론적 단위. 접사 등)이 저장된다. 심층 어휘부에 저장된 요소는 표층 어휘부에 저장된 요소들의 관계를 통해 간접적으로 인식되는 단위이다. 심층 어휘부 저장을 가정한 접사 단독형과 표층 어휘부 저장을 가정한, 해당 접사가 포함된 단어 전체를 각각 제시하여 반응시간을 측정한 결과 단어 전체에 대한 반응시간이 접사보다 더 짧았는데 이를 근거로 접사 인식이 간접적이며 위의 모델이

---

6) 이 실험 결과가 우리의 예상과 차이를 보이는 데에는 자극어로 사용된 선어말어미 결합형에 '잤다, 먹었다'와 같이 고빈도 항목이 포함되어 있다는 점이 영향을 미쳤을 것으로 보인다. 송원용(2009)에서도 선어말어미 결합형 중 고빈도 어간 '먹-'이 포함된 '먹었다, 먹겠다'는 다른 '-었-, -겠' 결합형과 차이를 보여, 선어말어미 결합형이면서도 어휘부에 독자적 표상을 가지고 있을 가능성이 비춰졌다.

심리적 실재성을 갖추고 있음을 주장하였다.

송원용(2005ㄴ)은 신어의 등재 시점이라는 형태론 연구의 쟁점을 해결하기 위해 실험적 방법을 사용하였다. 신어의 어휘부 등재 시 단어가 임시적인 저장 단계를 거치지 않고 장기기억에 바로 저장된다는 가설을 세우고, 한번 보여 준 단어를 비교적 긴 시간이 흐른 뒤에 다시 보여 주어 본 적이 있는 단어인지 여부를 응답하게 하는 어휘회상과제를 통해 신어의 즉시 등재를 주장하였다. 송원용(2009)는 선어말어미의 표상 방식을 알아보기 위해 선어말어미 단독형 자극에 대한 반응시간과 해당 선어말어미가 결합된 활용형의 반응시간을 비교하였다. 일종의 어휘판단과제 수행 결과 선어말어미의 종류에 따라 반응시간에 차이가 나타났는데, '-시-, -었-, -겠-, -더-'는 단독형의 반응시간이 선어말어미가 결합된 활용형보다 길지 않아 어휘부에 독자적 어휘 표상을 가지는 것으로 해석되었고, '-습-, -니-'는 단독형의 반응시간이 더 길어 전체 활용형만이 표상을 가진다고 해석되었다.

이상에서 어휘부 연구에 사용될 수 있는 방법과 그 결과 확인된 효과들, 그리고 이러한 방법론을 사용한 언어심리학 연구 및 국어학 연구의 예를 살펴보았다. 어휘부라는 대상이 간접적 접근만 가능한 속성을 가진 까닭에 경험적 연구라 하더라도 '상대적으로 경험적'일 수밖에 없으므로, 이러한 접근이 어느 순간에는 회의적으로 보이기도 한다. 경험적 연구의 구체적 증거로서의 가치를 인정한다 하더라도 실험 연구의 설계 과정을 의심할 수도 있다. 연구자가 무의식적으로 아이디어에 맞는 발화 샘플을 모으거나 실험을 고안하게 될 수도 있기(Aitchison 2003: 35) 때문이다. 또한 심리학에서 어휘부와 관련해 관심을 두는 것은 주로 어휘 처리에 관한 부분이기 때문에 어휘 처리의 과정을 밝히기 위한 방법론이 어휘부 안에 저장된 정보나 저장의 구조에 대한 연구의 방법론으로 적합할 것인가 하는 문제도 고려해야 한다.[7] 심리학에서 이러한 방법론으로 규명하고자 하는 것은 어휘부 안에 저장된 정보 자체보다는 제시된 자극이 담고 있는 정보가 어떻게 부호화(coding)되며, 부호화된 정보에 맞추어 어휘부 안의 정보가 어떻게 활용가능하게 되는가(김지순·Marcus Taft 1997: 186) 하는 것이기 때문이다.

하지만 어휘부 이론은 언어 능력을 밝히는 과정의 작업가설이므로 어느 정도 추상성을 띠게 마련이고, 검증을 방기하지 않는 한 추상성과 방법론의 한계를 들어 어휘부에 대한 가설 설정과 증명의 노력이 무의미하다고 볼 수는 없다. 가용(可用)한 방법론이 제한적이고 한계가 있는 것이라 할지라도 이를 최대한 활용하여 의미 있는 결과를 얻어 내도록 할 필요가 있다고 생각된다.

---

7) 시정곤(2004: 192)에서는 심리언어학에서 실시하고 있는 어휘 처리 과정(언어 이해와 생성 과정)을 통한 실험이 어휘부의 어휘 표상 문제(등재 문제)를 푸는 데 얼마나 기여할 수 있을지 의문이라고 하였다. 어휘 처리 과정과 어휘 표상의 문제는 관련성이 없다고 할 수 있기 때문이다.

제3장 한자어의 어휘범주와 심리어휘부

    이 장에서는 국어 화자가 심리어휘부에 한자어라는 범주를 형성할 때 중요하게 관여하는 것, 곧 이 범주가 심리어휘부에서 갖는 두드러진 특징이 무엇인지 논의한다. 한자어가 국어의 어휘 체계를 구성하는 어휘 범주일 뿐만 아니라 실제로 어휘부에서 심리적 실체를 가지고 있는 대상임을 확인한 뒤, 한자어와 고유어를 구별하는 기제에 대한 논의를 거쳐[1] 이러한 심리적 실체가 유사성에 기반한 범주화라는 일반 인지 능력을 통해 형성되었음을 주장할 것이다.

    한자어가 심리어휘부에서 갖는 중요한 특징이 무엇인지에 대한 논의의 출발점은 화자가 한자어와 고유어를 구별할 때 '한자로 표기될 수 있는 단어'라는 기준을 사용하는 것 같지 않다는 가정이다. 국어를 모국어로 습득하고 고유어와 대비되는 한자어의 개념을 이해할 수 있을 정도로 교육받은 사람이라면 어떤 단어를 접했을 때 그 단어의 한자어 여부를 상당히 정확하게 추측할 수 있다.[2] 이러한 변별은 한자어를 구성하는 개별 음절이 어떤 한자에 대응되는지 정확히 알고 있기 때문에 가능한 것은 아니다. 본고의 조사에서 한자어 변별률은 해당 한자어를 한자로 표기한 뒤 독음을 달게 하였을 때의 정답률을 크게 상회하였다. 각각의 어휘 항목이 어떤 범주에 속하는지 하나씩 학습한 결과 변별 능력을 갖게 되는 것도 아

---

1) 국어의 어휘 체계는 보통 고유어, 한자어, 외래어의 삼종 체계로 기술된다. 그럼에도 이 논문에서 한자어에 대비되는 부류로 고유어만을 다루는 것은, 외래어는 그 수가 상대적으로 적어서 고유어와 한자어 두 종이 국어 어휘 체계의 근간을 이룬다고 보아도 무방하기 때문이다.

2) 서울대학교에서 교양국어를 수강하는 1학년 학생 65명을 대상으로 한 조사에서 한자어와 고유어를 정확히 변별해 내는 비율은 매우 높은 편이었으며 개인 간 편차도 크지 않았다(평균 89.33%, 표준편차 3.76, 자세한 내용은 3.1.2.2. 참고).

니다. 어휘를 습득할 때 모든 어휘 항목에 대해 '이것은 한자어이고 이것은 고유어이다'와 같은 학습을 하지는 않는다. 한자어 변별에 한자어와 고유어의 음운, 형태·통사, 의미상의 차이를 명시적으로 인식·동원하는 것도 아니다. 두 범주의 다양한 차이가 어떤 방식으로든 어휘부에 반영되어 있겠지만 화자들이 '한자어는 경음이 드물고(송기중 1992: 12), 한자어 접두사의 경우 고유어 접두사와 달리 범주를 바꾸는 경우가 있으며(노명희 1997: 332) 단어 구성요소인 어근이 구 구성에도 참여하고(노명희 2003 ㄱ: 76) 추상적인 의미를 담는 경향이 있다(심재기 1989: 90)'와 같은, 언어학자가 관찰하여 기술하는 방식으로 차이점을 이해하지는 않는다.

이하에서는 '국어 화자는 무엇을 기준으로 한자어와 고유어를 구별하는가'라는 물음을 출발점으로 한자어의 어휘부 범주화 논의를 진행할 것이다. 논의의 순서는 다음과 같다. 3.1.에서는 한자어와 고유어가 문법적 기준에 의한 어휘 부류일 뿐만 아니라 실제로 어휘부 조직에 반영되어 있는 범주라는 점과, 어떤 단어가 한자어인지 여부가 한자 지식에 관계없이 비교적 정확하게 판단된다는 점을 확인한다. 3.2.에서는 국어 화자가 한자어와 고유어를 어떻게 구별하는지 고민하고 그 과정에서 드러나는 한자어의 범주화 방식에 대해 논의한다. 어휘 부류의 의미적 특성을 판단 기제 후보로 세우고 이 후보가 매우 유력한 판단 기제임을 실험으로 확인한 뒤, 어휘 습득 과정을 근거로 하여 의미적 특성이 한자어와 고유어를 구별할 때 중요한 역할을 하는 요인이면서 어휘의 범주화에 핵심적 역할을 하는 요인임을 주장한다. 3.3.에서는 인지주의의 범주화 논의를 가져와서 의미적 특성을 기반으로 한 한자어의 어휘부 범주화 과정을 설명한다.

3.1. 한자어 범주와 어휘부 저장 체계

3.1.1. 어휘의 분류와 어휘부 저장 체계

어휘는 기준에 따라 다양하게 분류할 수 있다. 흔히 사용되는 분류로 '문법 기능에 의한 분류, 의미에 의한 분류, 어종(語種)에 의한 분류' 등을 들 수 있다. 기능과 형태, 의미를 종합적으로 고려하되 기능을 중요한 기준으로 삼는 품사 분류는 문법 기능에 의한 분류의 대표적인 예이다. 의미에 의한 분류로는 '구체어-추상어, 일상어-전문어'와 같이 단어 자체의 의미 속성에 의한 분류, '유의어, 반의어, 상·하의어'와 같이 단어들의 의미 관계에 의한 분류 등이 가능하다. 어종에 의한 분류는 기원 내지는 출신을 기준으로 삼는데 국어에서는 고유어, 한자어, 외래어의 삼종 분류가 여기에 해당된다.

어휘 분류는 한 언어의 어휘 체계를 드러낸다는 언어학적 목적에서 수행되는 작업이다. 방대한 어휘 집합이라 하더라도 적절한 기준을 가지고 처리하면 그 면모가 질서 있는 모습으로 파악될 수 있다는(김광해 1993: 107) 생각이 작업의 전제이다. 어휘를 문법적으로 체계화할 수 있다는 것이 곧 화자가 이 체계에 따라 어휘를 저장한다는 것을 의미하지는 않으므로, 문법서에서 볼 수 있는 어휘 분류 체계가 화자의 어휘부 저장 체계와 일치한다고 볼 수는 없다. 하지만 분류의 기준이 어휘의 속성에 근거한 것이고 어휘부 저장 체계도 어휘의 속성과 무관하지는 않을 것이기 때문에, 화자의 머릿속에 실제로 존재하는 어휘부 저장 체계와 문법적 분류 체계 사이에는 교집합이 존재할 가능성이 크다.

실제로 문법적 분류 체계와 어휘부 체계와의 일치 가능성을 시사하는 사실들을 어렵지 않게 찾을 수 있다. 발화 실수에서조차 품사가 변경되지 않고 보존된다는 것은(Harley 2001, 조명한 외 2003: 336) 동일 품사의 단어끼리 강하게 연결되어 있다는 증거라고 생각된다(Aitchison 2003: 103-104). 아래 예에서 보듯 음성적 유사성으로 인한 실수이든 의미적 유사성으로 인한 실수이든 대부분의 발화 실수에서 품사는 바뀌지 않는다.[3] 명사는 명사로, 동사는 동사로, 형용사는 형용사로 대체된다.

(1) 가. 음성적 유사성으로 인한 발화 실수

It's a good way to *contemplate* (compensate).

오늘의 *날짜*는 (날씨는)

목걸이 (막걸리) 마시러 가자

몇몇 조합들은 (조항들은)

늙으면 (늦으면) 땍땍거려

두루미를 (두루마기를) 걸치고

나. 의미적 유사성으로 인한 발화 실수

It's called the *Quail* (Lark) and Dove.

The book I just *wrote* (read) was awful.

The model is *extinct* (obsolete).

단풍잎은 너무 *파랗지?* (빨갛지?)

날씨는 춥지만 바람이 *차서* (따뜻해서) 괜찮아

다섯 살 위랑 *결혼했다.* (소개팅했다)

우리학교에는 *몸무게* (체중계) 없나

내가 하는 말이 개 *입에* (귀에) 들어갈까 봐

다. 음성적·의미적 유사성으로 인한 발화 실수

I looked in the *calendar* (catalogue).

The tumour was not malicious (malignant).

*다시마*는 (다시다는) 역시 미원이죠.

그 애는 진짜 *지방피부야.* (지성피부야)

---

3) 영어의 예는 Aitchison(2003: 103)에서, 한국어 예는 고혜선·이정모(2002: 459)에서 가져왔다.

Martin et al.(1996)은 명사의 의미 범주에 따라 뇌에서 활성화되는 부위가 달라진다는 실험 결과를 보고하였다. 피험자에게 그림 속 대상을 소리내지 않고 명명하도록 하였을 때 대상이 도구 명사인 경우와 동물 명사인경우 뇌활성 부위에 차이가 나타났다. 또 다른 예로, 유의 관계, 반의 관계, 상·하의 관계 등에 있는 단어들도 어휘부에서 관련을 맺고 있을 가능성이 크다. Miller[1996/강범모·김성도(역) 1998: 195]에서는 자극어에 대한 연상 어휘를 몇 가지 의미 관계로 분류하였는데 상·하의 관계의 단어가 그 중 하나이다. 연상은 가까이에 저장되어 쉽게 활성화될 수 있는 어휘들 사이에서 일어나므로 이를 통해 상·하의어의 어휘부 내 관련성을 짐작할 수 있다.

3.1.2. 한자어 범주의 심리적 실재성

3.1.2.1. 어종에 따른 어휘 분류의 심리적 실재성

한자어는 어종에 따른 어휘 분류의 한 부분이다. 어종에 따른 어휘 분류도 어휘부 체계에 반영되어 있을 가능성이 매우 높다. 이광오(2003ㄱ)은 고유어, 한자어, 외래어의 어휘 구분이 심리적으로 실재한다는 것을 전제하고, 어휘판단과제를 통해 어휘 부류의 차이가 단어를 인지하는 데 변인이 될 수 있다는 점을 확인하였다. 빈도를 통제한[4] 2음절 고유어, 한자어, 외래어 각 30개를 대학생 피험자 34명에게 자극어로 제시한 뒤 단어판단시간을 측정하였다. 실험 결과 세 부류의 판단시간은 통계적으로 유의미한 차이가 있는 것으로 나타났는데, 고유어가 가장 짧고, 한자어, 외래어로 갈수록 판단시간이 길어졌다.

---

4) 현행 빈도조사가 어휘 친숙도를 정확히 반영하지 못한다는 판단 하에, 피험자가 5점 척도 상에 기입한 주관적 빈도를 변수로 사용하였다(이광오 2003ㄱ: 494).

[표 3-1] 어종과 빈도에 따른 평균 어휘판단시간(ms) 및 오반응율(%)

(이광오 2003 ㄱ: 483)

	빈 도					
	고			저		
	평균	표준편차	오반응율	평균	표준편차	오반응율
고유어	644	113	0.2	900	187	10.7
한자어	657	120	0.2	922	192	14.9
외래어	693	122	1.9	926	227	12.3

이광오(2003ㄱ)에서는 이러한 결과로 미루어 세 어종이 어휘부에 실재하면서 어휘판단시간에 차이를 가져올 수 있는 요인이라고 보았다.

어종에 따른 어휘 분류가 어휘부 체계에 반영되어 있다는 가장 큰 근거는 우리가 한자어와 고유어에 대한 직관을 가지고 있다는 점일 것이다. 한자어와 고유어를 구별하는 직관은 송기중(1992), 안소진(2009ㄴ) 등에서 언급된 바 있다. 이들 논의는 국어 화자들이 직관적으로 고유어와 한자어를 어느 정도 구별할 수 있다는 전제로부터 출발하여 구별 기제를 밝히려고 하였는데, 양정호(2010: 140)의 지적처럼 이러한 전제에 대해서도 구체적이고 실증적인 자료 조사가 필요하다. 한자 교육을 얼마나 받았는가에 따라 고유어와 한자어를 구별하는 정확도에 차이를 보일 수 있기 때문이다. 한자 교육을 받은 사람이 그렇지 않은 사람보다 한자어의 구별을 정확히 할 것이라는 예상이 가능하다. 이러한 예상이 옳다면, 송기중(1992), 안소진(2009ㄴ)의 주장은 어떤 모국어 화자를 대상으로 하느냐에 따라 신뢰도의 차이를 수반할 수 있다(양정호 2010: 140).

3.1.2.2. 직관적 지식으로서의 한자어 범주 판단 능력

이곳에서는 국어 화자들이 직관적으로 고유어와 한자어를 어느 정도 구별할 수 있다는 전제를 확인한 뒤 이러한 범주 판단 능력의 성격을 논의할 것이다. 논의는 범주판단과제를 중심으로 진행된다. 과제를 실시한 목적은 크게 두 가지이다. 첫 번째는 한자어가 어떤 한자로 표기되는지 알지 못해도 한자어 여부를 높은 정확도로 판단할 수 있다는 사실을 확인하는 것이다. 얼마만큼의 정확도로 한자어 여부가 판단되는지를 확인하고,[5] 이것이 한자 지식과는 관련이 크지 않은, 모국어에 대한 직관 차원의 것이라는 점을 가시화한다. 두 번째는 한자어·고유어 판단시간을 측정하여 한자어 또는 고유어로 빨리 판단되는 단어들에 어떤 경향성이 있는지 살펴보는 것이다. 이 경향성을 통해 한자어·고유어 구별의 기제를 알아본다. 두 번째 목적은 3.2.2.에서 다룬다.

실험의 절차와 참가자, 제시어는 다음과 같다.

(2) 실험의 구성

가. **절차** 실험 참가자가 컴퓨터 화면에 제시되는 자극을 보고 한자어·고유어 여부를 판단하도록 한 뒤 판단의 정확도 및 단어별 판단시간을 측정하였다.[6] 본 실험이 시작되기 전에 실험과정에 대한 안내와 연습시행이 있었다. 실험 참가자는 화면에 제시되는 자극이 한자어인지 고유어인지를 판단하여 한자어라고 생각하면 키보드의 H 버튼을, 고유어라고 생각하면 K 버튼을 눌렀다. 실험은 연습시행 20회(한자어 12개, 고유어 8개)와 본시행(本試行) 300회 (한자어 158개, 고유어 142개)로 구성되었으며 실험에 소요된 시간은 한 번의 휴식시간을 포함해 약 15분 정도였다. 별도의 참가

---

5) 이광오(1997)[이광오(2003ㄱ)의 참고문헌란에 '한국어의 어종변별에 관여하는 심리적 과정, 미발표논문'으로 올라 있음]에서 어종의 변별률을 조사하였는데, 사전에서 임의로 뽑은 단어들에 대해서 고유어의 경우 86.6%, 한자어 88.8%, 외래어 94.4%의 정확도를 보였다고 한다(이광오 2003ㄱ: 481).

6) 본고의 모든 실험에서 자극어가 시각적으로 제시되었기 때문에 실험의 결과와 이에 따른 논의는 모두 시각적 단어 재인(再認, recognition)의 경우로 한정된다. 자극어가 청각적으로 제시되었을 경우에는 실험 결과와 해석이 달라질 수 있다.

자군에게 본시행에 제시되었던 한자어 158개를 한자로 표기하여 나누어 준 뒤 독음을 달게 하였다.

나. **참가자** 서울대학교에서 교양국어를 수강하는 1학년 학생 65명이 판단 실험에 참가하였다. 판단 실험 참가자와 별도로, 동일한 조건의 학생 72명이 독음달기 과제에 참여하였다.

다. **제시어** ≪현대국어사용빈도조사 2≫에서 빈도 100 내외의 명사 300개가 제시어로 사용되었다.[7] 반응시간 측정에는 심리학 실험용 소프트웨어 SuperLap Pro 2.0을 사용하였다.

실험 결과 측정된 정답률과 반응시간을 부록 [표 1]에 제시한다. 단어별 정답률, 반응시간의 최소값, 최대값, 평균, 표준편차를 제시하였다. 극단값의 영향을 배제하기 위해 상위 5%와, 하위 5%값을 제외한 5%-절사평균(切捨平均, trimmed mean)을 함께 보였다. 이하에서 단어별 반응속도를 언급할 필요가 있을 때에는 평균 대신 5%-절사평균값을 사용한다.

단어별 정답률을 살펴보면 정답률 89.33%, 표준편차 15.96 (한자어: 정답률 89.56% 표준편차 17.19, 고유어: 정답률 89.07%, 표준편차 14.54)로 정답률이 상당히 높았으며, 단어에 따른 차이도 크지 않았다(그림 3-1). 참가자별 정답률은 평균 정답률 89.33%, 표준편차 3.76으로 나타나 전체적으로 매우 고른 정답률을 보였다(그림 3-3). 반면, 158개 한자어에 대해 독음달기 과제를 하였을 때는 단어별 정답률은 38.23%, 표준편차는 27.99로 나타나 정답률이 낮고 단어에 따른 차이가 컸다(그림 3-2). 독음시 참가자별 통계도 정답률 38.23% 표준편차 21.96으로 정답률이 낮고 개인차가 컸다(그림 3-4).

---

7) 제시어 목록은 부록의 [표 1] 참고.

〈단어별 정답률〉

한자어 · 고유어 판단시
[평균 89.56%, 표준편차 17.19]

독음시
[평균 38.23%, 표준편차 27.99]

정답률

정답률

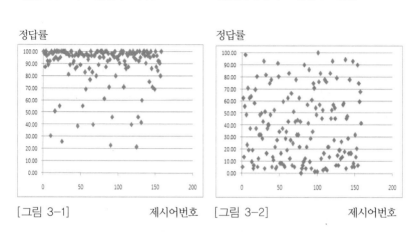

[그림 3-1]   제시어번호   [그림 3-2]   제시어번호

〈참가자별 정답률〉

한자어 · 고유어 판단시
[평균 89.33%, 표준편차 3.76]

독음시
[평균 38.23% 표준편차 21.96]

정답률

정답률

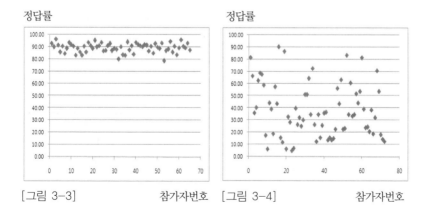

[그림 3-3]   참가자번호   [그림 3-4]   참가자번호

참가자별 정답률을 볼 때 실험 참가자는 제시된 단어가 한자어인지 고유어인지를 매우 정확하게 판단한다고 할 수 있다. 정답률이 높고 참가자 간의 편차가 거의 없다는 사실은 한자어와 고유어를 구별하는 능력이 개인적 지식의 차원이 아니라 언어공동체 구성원들과의 공유 개념인 직관 차원의 것임을 시사한다. 국어에 대한 직관은 언어 경험을 통해 가지게 된, 언어공동체 구성원들과의 공유 개념이므로 구성원들 사이에 편차가 적다. 반면, 개개인의 한자 지식은 공유 개념과 무관하므로 구성원들의 편차가 클 수 있다. 독음달기 과제의 정답률은 단어별 차이, 개인별 차이가 큰데 이는 참가자의 한자에 대한 지식이 직접적으로 작용하였기 때문이다. 쉬운 한자로 구성된 단어는 정답률이 높고(男學生 100%, 生日 98.61%, 長男 94.44%), 어려운 한자로 구성된 단어는 정답률이 낮다(供薦 0%, 軌道 1.39%, 防禦 1.39%; 표 3-2). 한자 지식이 많은 참가자는 정답률이 높고, 적은 참가자는 정답률이 낮다(한자능력검정시험 2급 소지자 정답률 86.29%, 6급 이하 및 급수 미소유자 정답률 30.50%; 표 3-3). 하지만 한자 어 여부를 판단하는 데에는 한자의 난이도나 참가자의 한자 지식 유무가 큰 영향을 주지 않는다.

[표 3-2] 한자 난이도에 따른 정답률

한자어	정답률	
	독음시	한/고 판단시
男學生	96.92%	100.00%
生日	96.92%	98.61%
長男	90.77%	94.44%
防禦	1.39%	80.00%
軌道	1.39%	93.85%
供薦	0.00%	100.00%

[표 3-3] 실험 참가자의 한자 지식에 따른 정답률

급 수[8]	정답률			
	독음시		한/고 판단시	
2급	86.29%	(3명)	90.83%	(2명)
3급	72.36%	(3명)	91.08%	(4명)
4급, 준4급	50.06%	(10명)	91.67%	(5명)
5급, 준5급	47.47%	(4명)	88.07%	(9명)
6급 이하 및 급수 미소유	30.50%	(52명)	89.10%	(45명)
평 균	38.33%	(72명)	89.33%	(65명)

이상의 자료에서 한자 지식은 한자어와 고유어를 구별하는 것과 다른 차원의, 추가적인 정보라는 해석이 가능하다. 한자 표기는 한자어와 관련된 정보 중에서 가장 마지막에 습득되거나 경우에 따라서는 습득되지 않을 수도 있는 정보이다. 한자어와 고유어를 구별할 수 있게 하는 지식은 한자 표기에 대한 지식보다 근본적인 것이라고 짐작된다.

3.2. 한자어 · 고유어 구별의 기제

한자어와 고유어라는 범주가 어휘부에 구별되어 있는데, 이것이 한자 지식이나 범주 자체에 대한 학습과 관련이 적은 것이라면 과연 무엇과 관련되어 있는가 하는 궁금증이 일게 된다. 3.2.에서는 선행 연구를 참고해 한자어 · 고유어 구별 기제의 후보를 세우고, 실험 결과를 해석해 이 후보를 구별 기제라 해도 좋을지 판단한다. 한자어와 고유어를 구별하는 기제를 파악한다면 두 어휘 범주를 어휘부에서 구획해 주는 차이가 무엇인지,

---

8) 참가자의 한자 · 한문 학습과 관련된 사항을 조사한 뒤 한자 관련 자격증이 있다고 응답한 경우를 종합한 것이다(부록 [표 5] 참고). 응답자가 시행 기관을 정확히 기억하지 못하는 경우가 많아, 편의상 시행 기관별 체재의 차이는 무시하고 급수만을 기준으로 삼아 종합하였다. 한국한자능력검정회의 급수표를 따르면 6급은 읽기 300자, 쓰기 150자를 할 수 있는 단계이고, 6급 이하는 기초 단계로 간주된다.

왜 우리가 이것을 중요한 차이라고 생각하는지 짐작할 수 있을 것이다.

3.2.1. 기제의 후보

3.2.1.1. 음운 및 음절 정보

한자어와 고유어 판단에 동원되는 기제는 몇몇 선행 연구에서 언급된 바 있다. 송기중(1992: 1, 9-10)는 한자어와 고유어의 다양한 문법적 차이 중 국어 화자들이 판단에 이용하는 것으로 음절 정보를 제안하였다. '정국 (政局)'이라는 단어가 어떤 한자로 이루어진 것인지 모르더라도 '정'과 '국' 이 한자어에 자주 나타나는 음이고 이 단어를 구성할 법하다고 판단되는 '정'음을 가진 한자, '국'음을 가진 한자가 있다고 생각하기 때문에 한자어 로 판단한다는 것이다. 한자에 나타나지 않는 음절로 구성된 단어는 고유 어로 판단하게 된다. 안소진(2009ㄴ)은 이러한 견해를 받아들여 한자어와 고유어의 음절 정보가 구별 기제로 작동한다는 것을 전제하고 음절상의 핵심적 차이가 무엇인지 밝히려 시도하였다. 이를 위해, 국립국어원의 2005년 《현대국어사용빈도조사 2》 자료에 제시된 2음절 명사 중에서 고 빈도순으로 고유어와 한자어 각각 300개씩을 골라 초·중·종성의 특징 과 음절 특징을 분석하였다. 그 결과를 아래에 요약하여 제시한다.

> (3) 안소진(2009ㄴ) 요약
> 　　가. 한자어 각 음절을 구성하는 초성의 특징
> 　　　　(ㄱ) 1음절과 2음절 간 음소 분포에 차이가 큰 고유어와 달리 1음
> 　　　　　　절과 2음절의 음소 분포에 차이가 없다.
> 　　　　(ㄴ) 고유어와 비교해 /ㅅ, ㅈ/이 차지하는 비중이 크고 /ㄴ, ㅁ, ㅂ/
> 　　　　　　이 차지하는 비중이 작다.
> 　　나. 한자어 각 음절을 구성하는 중성의 특징
> 　　　　(ㄱ) 초성 분포와 마찬가지로 1음절과 2음절에 분포 차이가 없다.

(ㄴ) 단모음이 주로 사용되는 고유어에 비해 다양한 이중모음이 나타나고 여러 모음이 단어에 고루 사용된다.

(ㄷ) 고유어와 비교해 'ㅕ, ㅘ'가 많이 사용되고 'ㅡ'가 상대적으로 적게 사용된다.

다. 한자어 각 음절을 구성하는 종성의 특징

(ㄱ) 초·중성의 경우와 마찬가지로 1음절과 2음절에 분포 차이가 없다.

(ㄴ) 'ㄷ, ㅅ, ㅈ'과 경음, 격음, 겹자음 받침은 사용되지 않는다.

(ㄷ) 고유어와 달리 'ㄹ, ㅁ'이 종성에 거의 사용되지 않는다. 특히 'ㄹ'이 적게 나타나는 것이 특징적이다. 'ㄴ, ㅇ'이 많이 사용된다.

라. 한자어를 구성하는 음절의 특징

고유어 구성 음절은 2음절에 'ㄹ'을 다수 포함하고 있고 중성 'ㅡ'를 포함하는 경우가 많은 등 앞서 초성, 중성, 종성에서 살펴본 특징들을 반영하고 있다. 고유어 어두에만 나타나는 '바'가 주목된다.

순위	한자어 1음절위치		한자어 2음절위치		고유어 1음절위치		고유어 2음절위치	
	음절	빈도	음절	빈도	음절	빈도	음절	빈도
1	기	14	사	7	바	10	이	10
2	시	9	식	7	이	9	리	8
3	대	8	인	7	가	8	음	8
4	사	8	장	7	고	8	기	7
5	자	8	업	6	한	7	름	7
6	경	7	정	6	눈	6	날	6
7	정	7	간	5	마	6	비	5
8	주	7	계	5	무	6	늘	4
9	이	6	기	5	구	5	래	4
10	지	6	동	5	그	5	미	4
11	국	5	상	5	사	5	빛	4
12	의	5	신	5	손	5	속	4
13	인	5	원	5	아	5	울	4
14	전	5	자	5	어	5	위	4
15	현	5	제	5	거	4	지	4

위와 같은 특징이 국어 화자가 한자어의 전형적 음절, 고유어의 전형적 음절을 판단할 때 근거로 사용될 가능성이 있다는 결론이 제시되었다. 논의의 초점이 음절에 있다기보다는 음절을 구성하고 있는 음소에 있어 애초의 목적을 충족하지는 못하고 있으나(양정호 2010: 140-141), 위 내용을 통해 한자어가 보이는 음운론적 특징과 음절상의 특징을 어느 정도 확인할 수 있다.

단어의 음운 정보와 음절 정보라는 판단 기준은 한자어와 고유어에 대한 우리의 직관을 포착해 줄 수 있는 기준이라 생각된다. 언어병리학 연구들에서 보고된 실어증 환자의 쓰기와 말하기 오류가 이를 지지한다. Kim & Na(2000)은 우측 편마비(Right Hemiplegia)에서 회복된 후 언어 장애를 보이는 40대 대졸 남성 환자의 사례를 통해 실서증(失書症) 환자의 받아쓰기 오류를 보고하였다. 받아쓰기를 할 때 한자어보다 고유어에서 오류율이 높게 나타났고, 고유어에서는 음소 단위의 오류가 주로 일어난 반면 한자어에서는 음절을 대치하는 오류가 주로 나타났다.

실독증 환자 11명을 대상으로 읽기 과제를 실시한 백여정 외(2006)도 비슷한 결과를 보고한다. 고유어 오류율이 한자어보다 통계적으로 유의미하게 높았다. 고유어에서는 음소 단계의 오류가 음절 단계 오류보다 많았고 이 차이는 통계적으로 의미가 있었다. 한자어는 음절 단계의 오류가 음소 단계보다 많았으나 통계적으로 유의미한 차이는 없었다.

[표 3-4] 실독증 환자의 음독 오류 유형 및 오류율 (백여정 외 2006: 99, 101)

오류 유형		한자어		고유어	
		오류 예	오류율%	오류 예	오류율%
음소오류	의미적 연관이 없는 단어로 읽음	도포 〉 도보 사생활 〉 새생활	8.0	바퀴 〉 바위 장난 〉 장남	9.2
	의미적 연관 단어로 읽음	-	0 24.5	그믐날 〉 그믐달	1.0 41.5
	비단어로 읽음	야단 〉 야탄	16.0	돼지 〉 돼기	29.5

		소인배 〉 소신배		몸가짐 〉 몸나짐	
	음소 순서를 바꿔 읽음	도포 〉 포도	0.5	보람 〉 로밤	1.8
음절오류	의미적 연관이 없는 단어로 읽음	양심 〉 양말 소화기 〉 보청기	11.2	넝마 〉 넝쿨 돌다리 〉 돌잔치	9.5
	의미적 연관 단어로 읽음	휴가 〉 휴식 운동화 〉 운동장	2.1 / 41.2	눈꺼풀 〉 쌍꺼풀	0.4 / 20.8
	비단어로 읽음	은퇴 〉 은비 장거리 〉 장거울	25.2	골치 〉 다치 꿈자리 〉 꿈사랑	8.8
	음절 순서를 바꿔 읽음	망건 〉 건망증	2.7	풀벌레 〉 풀레벌	2.1
기타	연관성이 없는 단어로 읽음	염주 〉 연필 시계추 〉 사춘기	8.0	핑계 〉 침대 게으름 〉 개구리	5.9
	대부분의 음소가 바뀐 비단어로 읽음	아쟁 〉 양채 우주선 〉 보아산	20.3 / 34.3	벼루 〉 매두 말다툼 〉 말달충	27.5 / 37.7
	기타		5.8		2.9

이상 두 연구를 종합하여 볼 때 한자어는 쓰거나 말할 때 고유어에 비해 오류가 적게 나타나고, 고유어는 음소 단위의 오류가 주로 나타나는 데 비해 한자어는 음절 단위의 오류가 주로 나타나는 경향이 있다. 고유어는 한자어에 비해 다양한 음소로 구성되고 음절 구조도 복잡하므로 더 많은 오류가 나타날 가능성이 충분하다. 이 같은 사실은 한자어와 고유어가 가지고 있는 음운 정보, 음절 정보가 두 어휘 부류를 구획 지을 만큼 차이를 보인다는 점을 보여 준다.

하지만 음운 정보와 음절 정보가 한자어와 고유어를 구별하게 하는 가장 기본적인 특성이라고 단정하기는 어렵다. 단어가 음운론적 특성만으로 구성되지는 않기 때문이다. 송기중(1992)에서 음절 정보를 매우 중요한 기준으로 본 이유 중 하나는 의미를 파악할 수 없는 형식이라도 한자어 여부를 어느 정도 판단할 수 있다고 보았기 때문이다. 사어가 된 '갖옷, 즈믄'과 같은 단어를 접했을 때 의미는 모르더라도 대개 고유어로 추측하게 되고, 袂別, 賄賂와 같은 단어들이 '메별, 회뢰'로 표기되었을 때 의미와 한자를 모르더라도 한자어로 추측하게 된다(송기중 1992: 1-2)는 사실을 들어 음절 정보를 중시하였다. 그런데 이 경우 제시된 단어에 대해 얻을 수 있는 정보는 음절 정보뿐이므로 화자는 주어진 정보로 판단을 할 수밖에 없게 된다. 제한된 정보임에도 판단이 가능하다는 점에서 이것이 중요한 정보라는 것은 분명한 사실이지만, 이 부분이 핵심 기준이라는 것을 확신하기 위해서는 음절 정보가 제거되고 다른 정보만 주어진 경우와의 비교가 필요하다. 음절 정보를 제거한 채 시각적 또는 청각적으로 단어를 제시하는 것은 불가능하다. 비교가 어려운 상태에서 음절 정보를 가장 기본적인 것이라고 단정하기는 어렵다.

3.2.1.2. 의미 정보

본고에서 제안하는 또 다른 판단 기제는 어휘 부류의 의미이다. 한자어·고유어의 분류가 의미 부류에 따른 단어 분류와 밀접한 관련을 맺기 때문이다. 김광해(1988, 1989)를 참고하여 둘의 의미 특성을 '일상성과 전문성', '구체성과 추상성'으로 설명한다.

일상성과 전문성

고유어는 대중적 특성을 갖고 한자어는 전문적 특성을 갖는다. 달리 표현하면 출현 빈도 상 고유어는 일상어 쪽에서 우세하고, 한자어는 전문어 쪽에서 우세하다(김광해 1989: 109). 김광해(1988, 1989: 181)에서는 고유어와 한자어가 보이는 일상성과 전문성을 1차 어휘와 2차 어휘라는 개념으로 설명하였다.

(4) 가. 1차 어휘
    (ㄱ) 언어 발달 과정의 초기부터 음운 부문이나 통사 부문의 발달과 병행하여 형성된다.
    (ㄴ) 언중 전체의 공동 자산으로서 기본적인 통보를 위한 도구로 사용

된다.

    ㉢ 어휘 의미의 영역이 광범위하며 의미 내용이 전문적이기보다는 보편적이고 일반적이다.

    ㉣ 학습 수준이나 지식 수준의 고저와는 관계없이 대부분의 언중에게 공통적으로 습득된다.

    ㉤ 체계적인 교육 활동이나 전문적인 훈련과 관계없이 일상생활을 통하여 자연스럽게 습득된다.

나. 2차 어휘

    ㉠ 언중에게 공유된다기보다는 전문분야에 따라 어휘의 분포가 한정된다.

    ㉡ 기초적인 언어 발달이 완료된 후 고등 정신 기능의 발달과 더불어 습득된다.

    ㉢ 어휘의 의미 영역이 협소하며 용법상의 제약이 존재한다. 전문적이고 특수한 용법으로 사용되는 것이 일반적이다. 전문적인 분야의 작업이나 이론의 전개를 위한 술어로서의 기능을 담당한다.

    ㉣ 학습의 성취도나 지식의 정도에 비례하여 습득된다.

    ㉤ 의도적이며 인위적인 교육과 특수한 훈련 과정을 거쳐서 습득된다.

    예컨대 '옷'은 1차 어휘에 속하고 '의복, 의류, 피복, 의상' 등은 2차 어휘에 속한다. '옷'은 언어 발달의 초기에 일상생활을 통해 자연스럽게 습득되고, 언중 전체가 알고 있으며, 의미가 보편적·일반적이다. '의복, 의류, 피복, 의상'은 기초적인 언어 발달이 완료된 후 교육 과정을 통해 습득되고, 의미가 '옷'에 비해 특수화되어 있어 사용 영역이 제한된다(김광해 1989: 76). '피복'은 군대 같은 단체에서 구성원들이 입을 옷을 지칭할 때 사용되는 단어이고 '의상'은 옷을 예술 행위와 관련하여 지칭할 때 사용되는 단어이다.

이러한 이원적 구분이 선을 긋듯 명확한 것은 아니기 때문에 경계에 존재하는 어휘도 있을 수 있다. 또한 고유어라 하여 모두 1차 어휘의 속성을 갖고 한자어라 하여 모두 2차 어휘의 속성을 갖는 것은 아니다. 예를 들어, 조리 방식을 나타내는 동사들은 전문어에 속하는 것이라도 고유어로 된 것이 많다. 일상어인 '익히다'에 대하여 '고다, 삶다, 끓이다, 데치다'는 익히는 정도에 따라 전문화되어 있고, '쑤다, 볶다, 덖다, 부치다, 지지다'는 익히는 대상에 따라 전문화되어 있다(김광해 1989: 75-76). 그러나 (4가)의 특징을 가진 어휘와 (4나)의 특징을 가진 어휘를 양 끝에 두는 어휘 스펙트럼이 있고, 1차 어휘 쪽에는 고유어가, 2차 어휘 쪽에는 한자어가 주로 분포한다는 데에는 이견이 있기 어렵다.

구체성과 추상성

명사만을 대상으로 하였을 때, 고유어는 지시 대상을 확인할 수 있는 경우가 다수이고 한자어는 추상적 대상을 가리키는 경우가 다수이다. 이 때문에 고유어는 외연을 통해서 학습되는 경우가 많고, 한자어는 내포, 즉 정의에 의해서 학습되는 경우가 많다(김광해 1998: 10). 예를 들어, '하늘, 바람, 구름' 등과 같은 단어는 외연을 쉽게 접할 수 있기 때문에 이것을 직접 경험하는 과정에서 개념이 자연스럽게 형성된다. 반면, '형성, 탐구, 규범, 성장, 작업, 수행' 등과 같은 추상어는 그 외연이 무엇인지 확인하기 어렵거나 확인할 수 있다고 하더라도 그것을 직접 접하는 일이 불가능하거나 어렵다(김광해 1998: 10-11). 이 단어들은 대상을 경험하면서 개념을 습득할 수가 없고, 이 단어를 다른 말로 설명한 언어를 통해 의미를 학습하여야 실체에 가깝게 접근할 수 있다.

구체성·추상성이라는 의미 속성은 습득 과정에 차이가 있기 때문에 심리언어학 실험에서 변인으로 작용하는 경우가 많다. 구체어·추상어라는 어휘 유형은 어휘부 저장체계 반영이 확실시되는 유형 중 하나이다. 추상어는 이해와 기억이 어렵다는 언어사용자의 직관과 이 직관을 뒷받침하는 실증적인 연구들이 구체어·추상어의 차이가 어휘부에 구조화된다는 가설을 지지한다. Strain et al.(1995)에서는 단어의 의미적 속성이 음독시간에 영향을 미친다는 사실을 보고하였다. 저빈도이면서 철자-발음 대응관계가 불규칙적인 제시어 그룹에서 구체어와 추상어의 반응시간 및 오류율에 차이가 나타났다. 구체어는 추상어에 비해 반응시간이 짧고, 오류율도 낮았다. 앞서 이광오(2003ㄱ)의 어휘판단과제에서9) 고유어가 한자어에 비해 반응시간이 짧았던 이유도 구체성·추상성과 관련되어 있을 가능성이 크다. 자극어를 보면 지시 대상을 확인하기 어려운 명사가 한자어에 더 많이 포함되어 있다. 고빈도 자극어 각각 15개 중에서 지시 대상을 직접 확인할수 있다고 생각되는 경우가 고유어는 9개(사람, 이름, 바람, 머리, 소리, 가슴, 하늘, 얼굴, 자리), 한자어는 5개이다(남자, 학생, 신문, 편지, 인간).

[표 3-5] 이광오(2003ㄱ: 498) 자극어 목록

어종	빈도	자 극 단 어
고유어	고	마음, 사람, 사랑, 오늘, 이름, 생각, 바람, 머리, 소리, 다음, 가슴, 하늘, 얼굴, 자리, 모습
	저	두렁, 재갈, 부럼, 멍울, 고뿔, 도랑, 파래, 토시, 알짜, 갑절, 물레, 소꿉, 골무, 보쌈, 먹보
한자어	고	기분, 경제, 남자, 학생, 현재, 신문, 편지, 시간, 인간, 목적, 연구, 정신, 작품, 태도, 정치
	저	조찬, 쾌조, 협객, 당략, 불협, 멸균, 특매, 염류, 화답, 풍해, 치석, 반송, 이륙, 발모, 착시
외래어	고	커피, 버스, 게임, 택시, 스타, 노트, 뉴스, 프로, 모델, 키스, 그룹, 호텔, 달러, 카드, 트럭
	저	터부, 앨토, 팬지, 집시, 핑퐁, 노드, 림프, 허들, 심벌, 디젤, 망토, 트랙, 코펠, 위트, 가십

---

9) 3.1.2.1. 참고

따라서 구체성과 추상성이라는 의미 속성이 한자어·고유어 판단의 중요 기제가 될 가능성이 있다고 생각된다.

3.2.2. 한자어·고유어 구별의 기제로서의 의미 범주

이곳에서는 3.1.2.2.의 실험에서 반응시간을 분석한 뒤 분석 결과가 보여 주는 사실들에 대해 논의한다. 판단에 걸린 시간을 살펴보면 반응시간은 759.29ms[10](집권)~3152.27ms(장난) 사이에 분포하였고, 평균은 1418.48ms, 표준편차는 384.57(한자어: 평균 1340.16, 표준편차 381.87, 고유어: 평균 1505.62, 표준편차 396.32)[11]이었다. 제시어 전체의 반응시간은 부록 [표 1]을 참고 바란다. 제시어 중 반응시간이 짧은 단어와 긴 단어를 한자어와 고유어로 나누어 보이면 아래와 같다. 높은 순위에 있을수록 반응시간이 짧은 것이다.

[표 3-6] 반응시간 상위 20개							
한자어(상위 13%)				고유어(상위 14%)			
순위	제시어	5%절사평균 (ms)	정답률 (%)	순위	제시어	5%절사평균 (ms)	정답률 (%)
1	집권	759.29	98.46	1	빰	905.80	96.92
2	민족주의	771.39	100.00	2	콩	913.14	98.46
3	입법	796.06	98.46	3	글씨	949.23	98.46
4	특파원	825.40	100.00	4	끈	963.32	100.00

---

10) 1ms=1/1000초
11) 한자어에 대한 반응시간이 고유어에 비해 빠르게 나타난 본고의 실험 결과는 고유어에 대한 반응시간이 더 빨랐던 이광오(2003ㄱ)의 실험 결과와 일치하지 않는다. 이것은 본고의 과제가 이광오(2003ㄱ)에서와 같은 어휘판단과제가 아니라 범주판단과제였기 때문일 가능성이 있다. 또한 버튼의 위치도 한자어에 대한 반응시간이 빠르게 나타난 원인이 될 수 있다. 대부분의 참가자가 한자어를 표시하는 H 버튼은 오른손 검지로, 고유어를 표시하는 K 버튼은 오른손 중지로 눌렀다. Rips, Shoben & Smith(1973)에서는 실험 참가자를 반으로 나누어 반은 왼쪽에 yes 버튼을 배치하고, 나머지 반은 오른쪽에 yes 버튼을 배치하였는데 버튼 위치에 따른 차이의 가능성을 배제하기 위해서는 본고의 실험에도 이와 유사한 보완이 필요하다.

5	현행	830.64	96.92	5	닭	972.67	98.46
6	협조	847.83	98.46	6	짜증	973.05	98.46
7	적성	861.79	96.92	7	대꾸	1006.89	96.92
8	필연적	867.63	100.00	8	솜씨	1009.24	90.77
9	소송	878.70	100.00	9	털	1018.48	100.00
10	관습	935.22	96.92	10	어린애	1031.62	100.00
11	창업	937.98	100.00	11	나비	1050.61	98.46
12	본성	950.76	98.46	12	말하기	1063.56	93.85
13	역량	957.15	100.00	13	계집애	1065.22	95.38
14	조국	970.54	100.00	14	손톱	1065.29	98.46
15	회계	980.96	98.46	15	버릇	1068.06	100.00
16	매각	984.07	100.00	16	이빨	1076.02	96.92
17	논술	987.44	100.00	17	무늬	1088.42	93.85
18	산업화	988.55	100.00	18	열흘	1102.47	92.31
19	이해관계	993.94	100.00	19	낚시	1106.83	96.92
20	대학원	999.83	100.00	20	몸뚱이	1107.59	93.85

[표 3-7] 반응시간 하위 20개

	한자어(하위 13%)				고유어(하위 14%)		
순위	제시어	5%절사평균 (ms)	정답률 (%)	순위	제시어	5%절사평균 (ms)	정답률 (%)
139	농담	1799.84	69.23	123	기름	1916.85	93.85
140	마약	1850.06	90.77	124	줄거리	1921.51	83.08
141	지옥	1856.92	55.38	125	우물	1954.37	87.69
142	간	1876.37	60.00	126	안팎	1958.49	95.38
143	추억	1916.05	70.77	127	추위	1975.31	86.15
144	탁자	1921.89	61.54	128	막걸리	1991.13	93.85
145	녹색	1923.68	80.00	129	사냥	2021.10	80.00
146	주차장	1968.17	89.23	130	몸매	2066.18	76.92
147	암	1975.89	55.38	131	화살	2106.91	50.77
148	총	2040.09	41.54	132	물감	2120.65	52.31
149	과자	2133.15	38.46	133	술집	2165.67	83.08
150	농장	2142.55	89.23	134	발길	2182.50	89.23
151	감기	2277.39	30.77	135	열매	2185.49	64.62
152	공주	2303.63	76.92	136	접시	2219.09	93.85

153	임무	2315.85	92.31	137	도시락	2228.92	55.38
154	상자	2384.58	40.00	138	임금님	2265.98	73.85
155	식	2447.25	92.31	139	담	2278.10	60.00
156	폭포	2485.29	50.77	140	논	2293.87	78.46
157	반지	2504.25	26.15	141	잔치	2737.34	89.23
158	축소	2589.86	100.00	142	장난	3152.27	70.77

위의 표에서는 크게 세 가지가 관찰된다. 첫째, 정확한 비례관계가 성립하지는 않으나 판단시간이 짧은 단어는 정답률이 높고 판단시간이 긴 단어는 정답률이 낮다.[12] 둘째, 한자어에서 판단시간이 짧은 것 중에는 한자어의 일반적인 의미 특성인 전문성, 추상성을 보이는 단어가 많고, 판단시간이 긴 것 중에는 고유어의 의미 특성인 일상성, 구체성을 보이는 단어가 상대적으로 많다. 한자어 중 반응시간이 짧은 상위 20개 항목 중에는 김광해(1988, 1989)의 1차 어휘에 속한다고 생각되는 단어가 없는 반면 반응시간이 긴 20개 항목 중에서는 '반지, 폭포, 상자, 공주, 감기, 과자, 총, 주차장, 녹색, 탁자' 등 적어도 50% 이상의 단어가 1차 어휘에 속한다고 생각된다. 또한 반응시간이 짧은 경우 단어의 지시 대상을 직접 보일 수 있는 경우가 '특파원, 대학원' 정도인 반면 긴 경우에는 대상을 직접 접하거나 간접적으로라도 실체를 경험할 수 있는 경우가 '반지, 폭포, 상자, 공주, 감기, 농장, 과자, 총, 주차장, 녹색, 탁자, 간, 마약, 농담' 등 절반 이상이다. 셋째, 고유어의 경우 판단시간이 짧은 단어는 '빨, 낚, 릇, 늬' 등 한자어에 나타나지 않는 음절을 다수 포함하고 있고 경음(39음절 중 8음절, 판단시간이 긴 경우 0음절), 고유어에만 나타나는 종성(39음절 중 3음절, 판단시간이 긴 경우 1음절) 중성 ㅡ(39음절 중 5음절, 판단시간이 긴 경우 2음절) 등 고유어만의 음운론적 특성을 보여 준다. 반면, 판단시

---

12) 한자어에서 가장 긴 판단시간을 기록한 '축소'는 판단시간이 매우 길면서도 정답률이 100%라는 점에서 예외적인데, 이는 '축소'가 본시행의 첫 번째 제시어이기 때문에 나타난 현상이라고 생각된다. 연습시행에서도 첫 번째 제시어는 가장 긴 반응시간을 나타났다.

간이 긴 단어는 한자어에도 존재하는 음절로 구성된 경우가 많아 고유어만의 음운론적 특성을 보여 주는 경우가 적다.

첫 번째 사항은 참가자가 확실히 아는 것에 대해서는 빠른 판단을, 혼동되는 것에 대해서는 느린 판단을 한다는 예측 가능한 사실을 보여 준다. 간혹 판단이 비교적 빠름에도 불구하고 비슷한 반응속도를 보이는 다른 단어들에 비해 유난히 정답률이 낮은 단어가 있는데(한자어-고모: 반응시간 76위/158개, 정답률 40.00%, 고유어-기침: 반응시간 65위/142개, 정답률 73.85%)[13] 이 결과는 참가자가 해당 제시어를 접하였을 때 정답에 대한 확신은 가졌지만 한자어 여부를 정확히 판단하지는 못하였음을 의미한다.[14] '고모'라는 한자어에는 참가자가 생각하는 고유어적 특성이, '기침'이라는 고유어에는 한자어의 특성이 있다고 짐작할 수 있다. 이 특성이 무엇인가는 두 번째와 세 번째 사항이 암시한다. 두 번째 사항을 따르면 한자어에서 빠른 반응이 나타나는 단어는 전문성, 추상성의 의미 특성을

---

13) 한자어/고유어 각각의 반응시간별 순위와 정답률은 부록 [표 2]에 제시한다. 순위표에서 '고모, 기침'과 주변 항목만을 가져와 보면 다음과 같다.

순위	한자어	반응속도	정답률	순위	고유어	반응속도	정답률
71	보편적	1211.01	98.46	60	넓이	1314.07	90.77
72	무선	1211.79	100.00	61	날짜	1328.11	96.92
73	수험생	1214.31	96.92	62	쥐	1329.90	98.46
74	좌석	1222.30	98.46	63	더위	1362.40	98.46
75	간격	1229.01	100.00	64	외로움	1381.52	95.38
76	고모	1231.03	40.00	65	기침	1391.82	73.85
77	용	1233.78	80.00	66	덩어리	1398.39	100.00
78	본질적	1234.45	98.46	67	둘레	1404.54	98.46
79	국토	1236.03	100.00	68	첫날	1424.53	98.46
80	도덕	1243.14	96.92	69	입맛	1428.77	89.23
81	불신	1245.82	98.46	70	그리움	1438.18	96.92
82	각오	1246.68	87.69	71	들판	1442.23	83.08

14) 이 외에 판단시간이 짧으면서 정답률은 매우 낮은 단어로 '구실'이 있다(판단시간 1133.85ms, 정답률 6.15%). 실험 시 '구실'은 고유어 제시어로 분류되었으나 《표준국어대사전》에서 '맡은 바 책임'을 의미하는 '구실'은 고유어로, '핑계'를 의미하는 구실은 한자어로 처리하였고 참가자가 둘 중 어떤 의미를 떠올리며 판단을 하였는지 알기 어려워 '구실'과 관련된 결과는 해석 대상에서 제외한다.

보이는 경우가 많고, 느린 반응이 나타나는 단어는 일상성, 구체성의 의미 특성을 보이는 경우가 많다. 참가자가 확신을 가지고 고유어로 판단한 '고모'는 매우 일상적으로 사용되는 구체명사이다. 세 번째 사항에 의하면 고유어에 대한 판단과 음운론적 특징은 서로 관계가 있다. '기침'에는 고유어만의 음절이나 음운론적 특징이 나타나지 않는다. '기'와 '침'은 한자어에도 흔히 찾아볼 수 있고 특히 '기'는 2음절 한자어의 첫 번째 위치에 가장 많이 나타나는 음절 중 하나다.[15]

이상의 사실을 종합하면 한자어의 경우 일반적인 한자어의 의미 특성을 보이는 단어들이 빨리 판단되고, 고유어의 경우 고유어만의 음운론적 속성을 갖는 단어들이 빨리 판단된다고 볼 수 있다. 이 실험 결과는 선행 연구에서 제안하였던 음절 정보와 음운론적 특성이 한자어·고유어 판단에 실제로 관여한다는 것을 확인하게 해 준다. 또한 음절 정보와 음운론적 특성에 더해 단어들의 의미적 특성이 판단에 크게 영향을 미친다는 점을 보여 준다.

3.3. 한자어의 어휘부 범주화 과정

3.3.1. 어휘발달 과정에서 본 한자어의 어휘부 범주화

3.1.2.2.의 실험을 통해 우리는 한자어와 고유어를 구별하는 능력이 개인적 지식의 차원이 아니라 언어공동체 구성원들과의 공유 개념인 직관 차원의 것이라는 점을 확인하였다. 또한 두 부류를 구별할 때 단어의 음절 구조와 음운론적 특성뿐만 아니라 의미적 특성도 중요하게 관여한다는 결론을 내렸다. 한자어·고유어 구별에는 이 특성 외에도 다른 요인이 작용할 여지가 있으며 특성들 간의 우선순위나 상호 영향 관계도 있을 수

---

15) (3라)의 표 참고. 실험 참가자가 '기침'의 '기'를 '기운(氣運), 공기(空氣)'의 '기(氣)'와 관련시켰을 가능성도 있다.

있다. 하지만 본고는 의미적 특성이 무엇보다 중요한 기제가 된다고 판단한다. 의미적 특성이 한자어와 고유어를 구별할 수 있게 하는 핵심 요인이 됨을 아동의 어휘발달 과정을 근거로 주장할 것이다.

아동의 어휘발달 과정에서 구체어는 추상어보다 습득시기가 이르다. Werner & Kaplan(1950)은 초기에 습득하는 어휘들은 지시 대상과 깊은 관련이 있다고 하였다(이지연·곽금주 (2008: 3)에서 재인용). 연령에 따라 영아들이 습득하는 어휘의 종류를 분석한 연구들(장유경 2004ㄱ, ㄴ 등)에 따르면 아동은 명사를 먼저 습득하고 이후 동사나 형용사를 습득한다. 명사는 지각하기 쉽고 동사보다 의미하는 바가 더 구체적이기 때문이다(Caselli, Casadio, & Bate 2001, 이지연·곽금주 2008: 3). 이 때 먼저 습득하게 되는 명사는 구체명사이다. 지시 대상을 쉽게 접할 수 있는 것부터 습득하기 때문에 구체명사, 그 중에서도 일상적 사물을 나타내는 명사부터 습득하게 된다. 추상어, 비일상어, 격식어는 주로 취학 이후에 교육기관에서 학습한다.

아동이 구체어, 일상어부터 습득한다면 국어의 어휘 체계상 어릴 때 습득하는 단어는 대부분이 고유어일수밖에 없다. 아래 표는 장유경(2004ㄱ: 91)에서 제시한, 8개월~17개월 영아들이 가장 많이 표현하는 50개 어휘 중 명사를 골라 보인 것이다. 대부분이 고유어이고 한자로 표기할 수 있는 단어는 6항목뿐이다.

[표 3-8] 8개월~17개월의 563명의 영아들이
가장 많이 표현하는 50개 어휘 중 명사 (장유경 2004 ㄱ: 91)

순위	단어	순위	단어
1	엄마	14	양말
2	아빠	15	우유
3	맘마	16	꽃
4	물	17	응가/똥
5	과자/까까	18	쉬

6	개/멍멍이	19	신/신발
7	뽀뽀	20	눈
8	밥	21	손
9	아가	22	책
10	지지	23	언니
11	코	24	차/자동차
12	할머니	25	오빠
13	공	26	이모

위의 표에서 한자로 표기할 수 있는 적은 수의 단어들(과자, 양말, 우유, 책, 차/자동차, 이모)도 같은 시기에 습득되는 다른 단어들과 의미적 성격이 비슷하여 고유어 같은 느낌을 준다. 아래는 최은희(2000)에서 제시한, 28개월~30개월의 30명의 영아들이 가장 많이 사용하는 어휘 656개 중 한자어 명사를 뽑은 것인데[16] 이들 역시 일상적으로 사용되는 구체명사로, 한자어로 판단하는 데 다소 시간이 걸릴 법한 단어들이다.

(5) 28개월~30개월의 영아들이 가장 많이 사용하는 한자어

모자, 목욕, 문, 병원, 사과, 사진, 사탕, 세수, 안경, 약, 양말, 우유, 의자, 전화, 책, 풍선, 포도, 기차, 방, 비행기, 사자, 시계, 우산, 인형, 자전거, 차, 친구, 침대, 화장실, 장갑, 냉장고, 수건, 연필, 의사, 이모, 자동차, 주사, 회사, 시장, 청소기, 고모, 기린, 목욕탕, 세탁기, 악어, 지갑, 계단, 하마, 삼촌, 생선, 유모차, 창문, 치약, 학교, 병, 선물, 총, 공룡, 간호사/원, 은행, 경찰, 상자, 귀신, 외삼촌, 강, 동물원, 주차장/차고, 남자, 수영, 운동화, 유치원, 형, 공주, 우체통, 공원, 군인, 여자, 교회, 소방수, 동물, 왕자, 만화, 우체부, 지하실, 계란, 과자, 양치, 소방차

---

16) 가장 많이 사용하는 어휘 656개 중 명사는 343개이고, 한자어 명사는 88개이다.

앞의 실험에서 정답률이 낮은 한자어는 '일상적으로 사용되는 구체어'라
는 고유어 명사의 의미 특성을 보인다. 한자어 중 정답률이 최하위에 속하
는 항목 5개(총, 고모, 상자, 과자, 이모)는 장유경(2004ㄱ), 최은희(2000)
의 목록에 포함되어 있다. 이 다섯 한자어가 매우 어릴 때 습득되는 구체
어·일상어라는 점을 보여준다. 고유어의 의미 특성을 보이는 한자어의
경우 실험참가자가 한자어로 판단하는 데 어려움을 겪었다고 할 수 있다.

[표 3-9] 한자어 정답률 하위 20개 목록

	제시어	정답률(%)	반응시간(ms)
139	포도주	70.77	1680.74
140	향	70.77	1745.36
141	추억	70.77	1916.05
142	농구	69.23	1195.91
143	농담	69.23	1799.84
144	탁자	61.54	1921.89
145	간	60.00	1876.37
146	지옥	55.38	1856.92
147	암	55.38	1975.89
148	폭포	50.77	2485.29
149	채소	46.15	1501.85
150	탑	46.15	1789.93
151	총	41.54	2040.09
152	고모	40.00	1231.03
153	상자	40.00	2384.58
154	과자	38.46	2133.15
155	감기	30.77	2277.39
156	반지	26.15	2504.25
157	이모	23.08	1726.45
158	통	21.54	1570.78

아래는 실험의 항목들을 최경봉(1996)의 명사 의미 분류에 따라 분류해 본 것인데 ①은 판단이 빨랐던 한자어 상위 20개, ②는 판단이 느렸던 한자어 상위 20개, ③은 판단이 빨랐던 고유어 상위 20개, ④는 판단이 느렸던 고유어 상위 20개이다. 제시어를 의미 속성에 따라 배치했을 때 판단이 느렸던 한자어와 고유어 전반이 비슷한 위치에 분포한다. 이 역시 고유어의 의미 특성을 보이는 한자어는 한자어로 여기기 어렵다는 것을 보여준다.

[표 3-10] 최경봉(1996)의 명사 의미 분류에 따른,
[표 3-6] [표 3-7] 제시어의 의미 분류[17)

①				②				
실체	인간		고유명사		②	인간		고유명사	
			일반명사	특파원				일반명사	
	사물	공간물	고유명사			사물	공간물	고유명사	
			일반명사	조국, 대학원				일반명사	지옥, 주차장, 농장
		개체	유정	고유명사			개체	유정	고유명사	
				일반명사					일반명사	
			무정	고유명사				무정	고유명사	
				일반명사					일반명사	마약, 간, 탁자, 암, 총, 과자, 감기, 공주, 상자, 폭포, 반지
양식	사태	사건	자동	집권, 입법, 협조, 소송, 창업	양식	사태	사건	자동	농담, 식
			타동	매각, 논술				타동	
		상태	현상	현행, 산업화			상태	현상	
			추상	민족주의, 적성, 필연적, 관습, 본성, 역량, 회계, 이해관계				추상	추억, 녹색, 임무

---

17) 김광해(1999)에서 최경봉(1996)의 명사 분류를 표로 정리하였는데, 아래 표 양식은 이 표를 가져와 본고의 논지 전개에 편하도록 재구성한 것이다. 80개 단어의 구체적인 분류에 있어서는 이견이 있을 수 있으나 판단이 빨랐던 한자어와 판단이 느렸던 한자어가 서로 다른 의미 특성을 보인다는 본고의 논지에 영향을 줄 만한 것은 아니라고 생각한다.

③ 표

관계	차원	시간	
		공간	
수			

실체/양식				품사	
③					
실체	인간			고유명사	
				일반명사	어린애, 계집애
	사물	공간물		고유명사	
				일반명사	
		개체	유정	고유명사	
				일반명사	나비
			무정	고유명사	
				일반명사	빰, 콩, 글씨, 끈, 닭, 털, 손톱, 이빨, 무늬, 몸뚱이,
양식	사태	사건	자동		대꾸, 말하기, 낚시
			타동		
		상태	현상		짜증
			추상		솜씨, 버릇
	관계	차원	시간		열흘
			공간		
	수				

④ 표

관계	차원	시간	
		공간	
수			

실체/양식				품사	
④					
실체	인간			고유명사	
				일반명사	
	사물	공간물		고유명사	
				일반명사	술집, 논
		개체	유정	고유명사	
				일반명사	
			무정	고유명사	
				일반명사	기름, 줄거리, 우물, 막걸리, 화살, 물감, 열매, 접시, 도시락, 임금님, 담
양식	사태	사건	자동		잔치, 장난
			타동		사냥
		상태	현상		추위
			추상		몸매, 발길
	관계	차원	시간		
			공간		안팎
	수				

긴 반응시간, 낮은 정답률을 보인 한자어들이 보이는 의미 특성과 이들의 학습 시기는 실험 참가자가 이른 시기에 학습한 일상어들을 고유어로 범주화하고 있다는 사실을 보여 준다. 어휘 발달 과정에서, 어릴 때 습득하는 단어는 구체어, 일상어이기 때문에 대부분 고유어이다. 한자어라 하더라도 영유아기에 습득한 것은 비슷한 시기에 습득한 고유어와 의미 속성이 비슷하다. 추상어, 비일상어, 격식어는 주로 취학 이후에, 교육기관에서 학습하게 되고 대부분 한자어이다. 이러한 사실을 볼 때 습득 시기

의 차이를 반영해 일상어·구체어, 전문어·추상어의 차이가 어휘부에 구조화되었다고 생각하게 된다. 어휘 발달 과정은 의미 속성이 다른 두 어휘 부류의 어휘부 반영을 이해할 수 있게 해 주며, 일상어·구체어-고유어의 관련성, 전문어·추상어-한자어의 관련성을 통해 한자어와 고유어의 어휘부 구조화를 자연스럽게 설명한다.[18)]

3.3.2. 인지심리학적 범주화 개념의 적용

'범주화'란 사물이나 사태를 동일화(identification) 또는 차별화(differentiation)하여 공통성이나 관계성에 따라 일반화(generalization)함으로써 통합하는 인지 활동을 말한다[Y. Tsuji(편)/임지룡 외(역) 2004: 80]. 잘 알려져 있다시피 범주화는 인지주의에서 주목받은 대상이다.[19)] 주목의 이유는 범주화에 대한 탐구가 인간의 정신의 모습을 잘 드러내 줄 수 있는 방법이라고 보았기 때문이다.

인지주의는 범주화에 대한 시각을 이전과 매우 달리하였다. 흔히 고전 범주화라고 하는, 인지주의 이전 시기의 범주화는 한 범주로 통합되는 대상들이 해당 범주를 구성하는 모든 속성을 가지고 있다고 전제한다. 속성을 모두 가지고 있으면 그 범주에 속하고, 하나라도 가지고 있지 않으면 범주에 속하지 않는다. 그러므로 범주의 경계가 매우 명확하다. 또한 구성원이라면 필요한 속성을 모두 갖추고 있기 때문에 범주 구성원들 간에는 차이가 없다. 한 범주의 구성원들은 범주 내에서 지위가 같으며, 어느 구성

---

18) 언어심리학 연구에서는 한자어와 고유어의 처리에 차이가 나타나는 이유를 형태 구조의 차이 때문이라고 보는 경우가 많다. 고유어는 단일형태소인 경우가 많지만 한자어는 1음절어가 아닌 이상은 다형태소여서 복합어와 단일어의 처리 양상에 나타나는 차이가 한자어와 고유어에도 나타난다는 것이다. 한자어와 고유어의 핵심적 차이 중 하나가 의미 속성에 있고, 한자어에 대한 화자의 형태소 분석 양상이 고유어의 경우와 다르다는 점(4장 참고)을 고려할 때, 형태 구조의 차이가 아니라 의미 차이가 작용하였을 가능성이 더 크다고 생각된다.

19) 개괄로 Lakoff(1987: 467-517), Taylor(1989), 임지룡(1993ㄱ), 임지룡(1999)의 4장과 5장, 이현희(2006)의 2장을 참고할 수 있다.

원이 다른 것보다 더 적합한 사례라거나 덜 적합한 사례라고 말할 수 없다.

(6) 고전 범주의 기본 원리 (Taylor 1989: 23-24, 임지룡 1993ㄱ: 43)
　　가. 범주는 필요충분 자질의 집합이다.
　　나. 범주는 분명한 경계를 갖는다.
　　다. 범주의 구성원들은 동등한 자격을 갖는다.

　　인지주의는 다양한 분야의 경험적 사례 연구의 결과들이 고전 범주화 개념과 맞지 않는다고 주장하는데 그 중 하나가 전형적 성원에 대한 개념이다.[20] 사람들은 동일 범주의 구성원이라도 어떤 것은 다른 것보다 그 범주의 더 전형적인 성원이라고 생각한다. 이것을 보여 주는 가장 유명한 연구는 Rosch(1975)의 실험일 것이다.

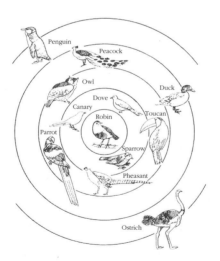

[그림 3-5] Aitchison(2003: 56)

---

20) Smith & Medin(1981)의 2장에서 고전 범주화에 대한 비판을 이론적인 부분, 실험적 증거를 바탕으로 한 부분으로 나누어 설명하고 있다.

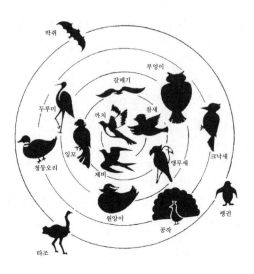

[그림 3-6] 임지룡(1993 ㄴ: 30)

Rosch(1975)에서는 영어 화자인 대학생 209명을 대상으로 특정 범주의 보기 목록을 주고 그 보기들이 범주 성원다움의 정도를 7점 척도 상에 표시하게 하였는데, 그 결과가 높은 일관성을 나타내었다. 위의 왼쪽 그림은 그 중 새 범주 성원들의 전형성 등급을 그림으로 나타낸 것이다. 오른쪽은 임지룡(1993 ㄴ)에서 같은 내용을 한국어 화자(대구 소재 초, 중, 고, 대학 재학생 390명)를 대상으로 조사한 결과이다. 전자에서는 울새가 보다 새다운 새, 펭귄이나 타조는 그렇지 못한 새로 꼽혔고, 후자에서는 까치는 새다운 새, 펭귄이나 타조는 그렇지 못한 새로 꼽혔다. 사람들이 생각하는 범주 구성원의 자격이 동등하지 않다는 것을 사실을 보여 준다.

이러한 전형성은 여러 유형의 과제에서 참가자가 보이는 수행을 잘 예측하고 설명해 낸다. 예를 들어, 아래와 같은 범주판단과제에서 전형적인 성원이 제시어일 때 그렇지 않은 경우보다 반응시간이 짧아지고 옳은 판단을 하는 비율도 높아진다(Smith & Medin 1981: 34-35). Chicken이 Bird에 속하는지 판단하는 경우보다 Robin이 Bird에 속하는지 판단할 때 결정이 더 빠르고 정확하다.

[표 3-11] 범주판단과제 예시 (Smith & Medin 1981: 35)

target concept	test item	correct response
Bird	Robin	Yes
Fruit	Cup	No
Bird	Chicken	Yes

또한 사람들은 '울새는 새다'와 같은 범주 진술 문장의 진위 판단 과제에서 전형적인 사례의 진위를 덜 전형적인 사례보다 빨리 판단한다. '울새는 새다'라는 문장의 옳고 그름을 판단하는 데 걸리는 시간이 '닭은 새다'를 판단하는 데 걸리는 시간보다 짧고, '울새는 새다'의 경우가 바른 판단을 하는 비율도 더 높다.

한자어는 고전 범주화 개념으로도 무리 없이 설명할 수 있는 범주로 보인다. 어떤 단어는 한자로 표기될 수 있거나 그렇지 않거나 둘 중 하나이다. 한자로 표기될 수 있다는 속성을 가지고 있으면 범주 구성원이고, 그렇지 않으면 범주 구성원이 아니다. 일단 범주 구성원일 경우 한자로 더 잘 표기될 수 있다거나 그렇지 않다거나 하는 성질을 가질 수 없으므로 구성원의 자격은 모두 동등하다.

그런데 앞서 3.1.2.2의 조사에서 한자어 범주 구성원은 전형성 효과를 보였다. 직관적으로 전형적이라고 생각되는 한자어의 경우 반응시간이 짧게 나타났다. 보다 직접적인 전형성 조사를 위하여 앞서의 실험 제시어 중 한자어와 고유어 각각 20개를 골라 30명의 대학생들에게[21] 제시한 뒤 한자어다움, 고유어다움의 정도를 5점 척도로 표시하게 하였는데, 이 경우에도 척도가 어느 정도 일반성을 보였으며 그 결과가 반응시간과 관련을 보였다.

---

21) 3.1.2.2.의 실험 참가자와 동일 조건의 별도 참가자이다.

[표 3-12] 한자어·고유어 전형성 척도

	한자어				고유어			
제시어	전형성 척도	표준 편차	참고: 한자어/고유어 판단 시		제시어	전형성 척도	표준 편차	참고: 한자어/고유어 판단 시	
			반응 시간	정답률				반응 시간	정답률
현행	4.94	0.89	830.64	96.92	끈	4.81	1.29	963.32	100.0
좌석	4.87	1.43	1222.30	98.46	콩	4.81	1.2	913.14	98.46
협조	4.84	0.71	847.83	98.46	글씨	4.65	0.76	949.23	98.46
필연적	4.81	0.79	867.63	100.0	닭	4.61	1.09	972.67	98.46
수험생	4.74	1.06	1214.31	96.92	쥐	4.58	1.3	1329.90	98.46
무선	4.71	1.33	1211.79	100.0	짜증	4.52	0.96	973.05	98.46
농부	4.68	0.63	1665.14	86.15	날짜	4.39	1.2	1328.11	96.92
적성	4.68	0.34	861.79	96.92	더위	4.29	0.85	1362.40	98.46
비난	4.65	0.25	1671.59	81.54	거짓	4.26	1.25	1702.32	98.46
특파원	4.55	1.16	825.40	100.0	배추	4.19	1.52	1760.61	89.23
오락	4.52	1.48	1632.50	89.23	흉내	4.13	0.48	1780.68	72.31
보편적	4.42	0.79	1211.01	98.46	접시	4.06	1.15	2219.09	93.85
소설가	4.23	0.98	1677.91	90.77	넓이	4.03	1.14	1314.07	90.77
절망	4.16	0.6	1210.21	93.85	사냥	3.68	0.99	2021.10	80.00
농장	4.16	1.21	2142.55	89.23	화살	3.65	0.54	2106.91	50.77
공주	3.61	0.64	2303.63	76.92	기침	3.61	1.41	1391.82	73.85
감기	3.52	1.2	2277.39	30.77	물감	3.55	0.89	2120.65	52.31
포도주	2.74	0.77	1680.74	70.77	열쇠	3.48	1.15	1770.49	70.77
과자	2.19	1.29	2133.15	38.46	몸매	3.45	1.13	2066.18	76.92
상자	2.19	0.45	2384.58	40.00	가난	2.58	0.71	1786.65	80.00

한자어에서 전형성 정도가 높은 단어는 반응시간이 짧고 정답률이 높았으며 전형성 정도가 낮은 단어는 반응시간이 길고 정답률이 낮았다. 이것은 한자어라는 범주가 전형성 정도에 차이를 낳는 내부 구조를 가진다는 점을 의미한다. 명확한 경계를 가진 범주임에도 범주 구성원의 자격이 대등하지 않다. 한자로 표기될 수 있는지 여부는 이러한 내부 구조를 만들 수 없다.

우리는 전형적인 예를 중심으로 추론을 하는 것이 보통이다. 전형적인 한자어가 추상어·비일상어·격식어라면 다른 한자어도 같은 속성을 가질 것이라고 추론한다. 한자로 표기될 수 있다는 점에서는 속성이 같지만 전형적인 한자어와 의미 속성이 다른 바람에 어떤 한자어가 비전형적인 한자어 또는 비한자어로 간주될 수 있다. 일상성·구체성을 띠는 한자어는 전형적 한자어와 의미 속성이 달라서 비전형적 한자어로 생각되거나 경우에 따라서는 비한자어로 간주되기도 한다. 요컨대 한자어는 인지심리학적 범주화 개념이 적용되는 범주라 할 수 있다.

제4장 한자어의 구성요소와 심리어휘부

이 장에서는 한자어 구성요소들이 심리어휘부에서 인식되는 단위로서 갖는 특징을 살펴본다. 그리고 단어들이 어휘부 내에서 맺는 상호 관련을 통해 화자가 각 단어의 형태론적 구조를 파악하기(Bybee 1995b/2007: 170) 때문에, 즉 동일한 의미와 기능을 시현(示顯)하는 형태가 여러 단어에 반복적으로 드러나는 것을 인식하고 이를 통해 단어들의 형태론적 관계를 구성하기 때문에 한자어 구성요소의 심리적 특징이 나타난다고 해석한다. 주로 고유어 자료에 적용되었던, 심리어휘부에서 복합형태의 구성요소를 파악하는 방식에 대한 선행 연구의 모델을 한자어에 적용시킨 뒤 이것으로 한자어가 보이는 다양한 현상을 설명할 수 있다는 점을 논의할 것이다.

한자어 구성요소들이 심리어휘부에서 인식되는 단위로서 갖는 특징을 살펴보는 출발점은 심리적 단위로서의 한자어 구성요소가 문법적 분석 단위로서의 한자어 구성요소와 얼마만큼 같고 다른가 하는 점이다. 서론에서 자료 관찰의 결과는 문법적 차원의 것이고 머릿속 체계는 심리적 차원의 것이기 때문에 자료를 관찰한 결과를 화자의 머릿속 체계와 동일시할 수는 없다고 하였는데, 한자어의 경우 한문 문법이 관여하는 부분과 국어 문법이 관여하는 부분이 혼재되어 있으므로 자료의 내적 질서와 화자의 인식 간의 차이가 클 수 있다. 따라서 한자어는 자료를 분석한 결과가 화자의 인식과 어떤 관련을 맺는지 고민할 필요가 있는 자료이면서 이 부분을 효과적으로 살펴볼 수 있는 자료이기도 하다. 문법적 분석 단위로서의 한자어 형태소와 화자가 한자어 구성요소로 인식하는 단위가 어느 부분에서 다르고 어느 부분에서 같은지 살펴보고, 그 이유를 짚어 볼 것이다.

논의의 순서는 다음과 같다. 4.1.에서는 복합형태의 구성요소들이 언어 자료에서 분석되는 요소일 뿐만 아니라 실제로 어휘부에서 심리적 실체를 가지고 있는 대상일 수 있다는 점을 확인한 뒤 이를 근거로 한자어의 구성요소도 심리적 실재성이 있다고 가정한다. 4.2.에서는 이들이 심리적 단위로서 갖는 특징을 문법적으로 분석된 한자어 형태소의 경우와 비교하면서 '한자 표기형식 정보와의 관계가 필수적이지 않다는 점, 시현하는 기능이 한정된다는 점, 같은 한자어 형태소라 하더라도 심리어휘부에서의 지위가 다양할 수 있다는 점' 세 가지로 나누어 살펴본다. 4.3.에서는 형태론적으로 복합적인 단위에 대한 Bybee의 어휘부 표상 모델을 가져와 이 모델의 설명 방식이 4.2.에서 살펴본 심리적 단위로서의 한자어 구성요소의 특징을 설득력 있게 설명해 낼 수 있다는 점을 보일 것이다.

4.1. 복합형태 구성요소와 어휘부 저장 체계

4.1.1. 복합형태 구성요소의 심리적 실재성

언어학 연구의 기본 작업 중 하나가 대상을 분석함으로써 어떤 단위가 어떤 원리에 의해 전체를 구성하고 있는지 밝히는 것이므로, 단어를 탐구 대상으로 하는 형태론에서 '단어를 더 작은 단위로 분석하는 것'과 관련된 여러 주제는 중요한 관심 대상이 된다. 단어의 분류 방식으로 널리 사용되는 '단일어(simple word)'와 '복합어(complex word)'라는 분류가 '더 작은 단위로 분석될 수 있는지 여부'를 기준으로 한다는 점은 이러한 사실을 잘 보여 주는 예이다.

구조가 단순하여 긴 설명이 필요하지 않은, 구성요소가 단일한 형태들과는 달리 복합형태의 경우에는 무엇을 기준으로 분석할 것인가, 어떤 구성요소로 분석할 것인가 등에 대한 관심이 꾸준히 이어져 왔다. 국어 자료를 대상으로 한 연구를 살펴보면, 분석을 위한 단위로 '늣씨'를 사용한 주시경(1914)에서부터 단어 분석의 기본적인 단위들을 정립한 최현배 (1937/1961), 형태소의 개념을 규정하고 구조주의적 방법을 사용하여 분석의 객관성을 획득한 김석득(1962)과 고영근(1972ㄱ, 1972ㄴ, 1974, 1975) 등을 필두로 한 많은 연구들이 복합형태의 구성요소에 대한 관심의 결과물이다.[1]

구성요소 분석의 구체적인 방식은 연구 목적에 따라 선택된다. 어떤 요소의 어원이나 통시적인 변화를 밝히는 데 목적을 둔다면 사적(史的) 정보를 활용해 극단까지 분석하게 되고, 단어 구성요소의 공시적인 쓰임을 보여 주는 데 목적을 둔다면 현재 사용되는 단어에 나타나는 단위로만 분석하게 된다(구본관 2002ㄴ: 9). 따라서 비슷한 복합형태라도 경우에 따라 구성요소가 다르게 분석될 수 있다.

(1) 지붕: 집+-웅, 무덤: 묻+-엄, 노름: 놀+-음, 꼬락서니: 꼴+악서니

(2) 가. ㄱ. -습니다: -습+-느+-으이-+-다
　　　ㄴ. -습니까: -습+-느+-으이-+-ㅅ-+-가
　　　ㄷ. -으옵나이다: -읍+-읍+-나+-으이-+-다
　　　ㄹ. -으옵니이까: -읍+-읍+-나+-으이-+-ㅅ-+-가

서태룡(1992: 27)

　나. ㄱ. 민호는 무얼 <u>입는대</u>?: '-는대' 전체가 하나의 형태소
　　　ㄴ. 흰옷을 <u>입는다면서</u>?: '-는다면서' 전체가 하나의 형태소

최명옥(2008: 58-59)

예를 들어, (1)의 '지붕, 무덤, 노름, 꼬락서니'는 더 작은 단위로 분석하지 않는 것이 일반적이지만 최초의 형성 과정을 밝히는 것을 목적으로 하는 연구에서는 각각을 더 자세하게 분석할 수도 있다. (2가)는 통시적 사실

---

1) 복합형태의 구성요소에 대한 더 많은 연구는 구본관(2002ㄴ)을 참고할 수 있다.

도 고려하면서, 형태소 분석을 통하여 청자높임법의 체계를 드러내려는 목적으로 어미를 분석한 것이다. (2가)와 같이 분석하면 문장종결법은 같되 청자높임법 등급을 달리하는 ㈀과 ㈐, ㈎과 ㈑을 각각 비교하였을 때 어떤 요소가 차이를 나타내는지 쉽게 파악할 수 있다. (2나)는 분석된 단위의 공시적 쓰임을 보이려는 목적으로 어미를 분석한 것이다. '-는대'를 '-는다고 해'에서 인용문 종결 어미의 말음절 모음 'ㅏ', 어미 '-고', 서술어 어간의 'ㅎ'가 탈락한 형태라고 본다면 최소한 '-는다+-고+-해²⁾+-어' 네 형태소로 분석할 수 있고 '-는다면서'를 '-는다고 하면서'에서 어미 '-고'와 어간 '하'가 탈락한 것으로 본다면 최소한 '-는다, -고, 하, -으면서'의 네 형태소로 분석할 수 있다. 하지만 최명옥(2008)에서는 분석된 단위의 공시적 쓰임을 중시하여 '-는대'와 '-는다면서' 각각을 하나의 형태소로 보고 있다.³⁾

문법적 분석의 구체적인 방식이 언어학적인 이유로 결정되기도 하는 만큼, 분석의 결과인 복합형태 구성요소와 화자가 실제로 인식하는 구성요소는 일치하지 않을 수 있다. 그렇지만 문법적 분석의 기준이 기본적으로 복합형태 간의 비교에 있고, 국어 화자의 형태소 파악 방식도 습득한 단어의 비교를 통해 공통된 부분을 확인하는 것일 가능성이 높기 때문에 구조적 분석의 결과물과 복합형태 구성요소에 대한 화자의 인식 사이에는 상당한 교집합이 있으리라고 예상된다. 실제로 교집합의 존재를 시사하는 사실들을 어렵지 않게 찾을 수 있다. 생산성이 있는 접사는 계열관계와 통합관계에 의해 문법적으로 분석되는 단위이면서, 그 접사를 사용하여 복합형태를 만들어 낸 국어 화자 그리고 처음 접한 복합형태를 이해한 국어 화자에게 심리적으로 인식되는 요소임이 분명하다. 구성요소에 대한

---

2) 최명옥(2008: 59)에서는 '-는다고 해'의 '해'를 /하/와 /-어/의 결합체가 아닌 /해/와 /-어/의 결합체로 본다. 이 형태소 분석은 최명옥(2008)을 인용한 것일 뿐 본고의 견해는 아니다.

3) 이렇게 보는 이유는 탈락을 지배하는 공시적인 통사 규칙이나 음운 규칙의 존재를 인정할 수 없기 때문이라고 하였다.

이해가 없다면 이 요소를 사용해서 새로운 단어를 만드는 것, 이 요소가 포함된 새로운 단어를 들었을 때 의미를 이해하는 것이 불가능하기 때문이다. '클릭질, 맵시꾼, 배려석, 헛스윙, 신공항'4) 등과 같은 새로운 단어의 생성과 이해는 복합형태 구성요소가 심리적으로도 실재함을 보여 준다.

심리언어학적 연구 결과들도 복합형태 내부의 단위가 심리적 실재성을 갖는다는 사실을 뒷받침한다. 복합형태 내부 단위가 어휘부 저장 조직의 구성 및 어휘 처리의 과정에 실제로 반영되어 있다는 사실을 지지하는 증거로 첫째, 굴절형의 어휘판단과제에서 굴절형 내부의 어간 빈도가 굴절형 전체의 판단 시간에 영향을 미친다는 점, 둘째, 형태적으로 관련된 항목들이 서로 점화 효과를 보인다는 점, 셋째, 어휘판단과제에서 비단어(非單語)의 반응시간이 비단어의 형태론적 구성에 영향을 받는다는 점을 들 수 있다(Chialant & Caramazza 1995: 65-71).

어휘판단과제에서 제시어의 판단 시간에 영향을 미치는 요인으로 많이 꼽히는 것 중 하나가 제시어의 빈도이다.5) 그런데 제시어 내부 요소의 빈도도 판단 시간에 영향을 미친다는 실험 결과들이 있다. Taft(1979)는 굴절형 전체의 빈도는 같지만 굴절형 내부의 어근 빈도에는 차이가 있는 'sized'와 'raked'로 어휘판단과제를 실시하였다. 'sized'와 'raked' 두 형태의 빈도는 같지만 어근의 빈도만 비교하면 'size'의 빈도가 'rake'의 빈도보다 훨씬 높다고 한다. 과제 실시 결과 어근 빈도가 높은 'sized'의 판단 속도가 더 빠르게 나타났다. 어근 빈도가 그 어근을 포함하는 단어의 처리 시간에 영향을 준다는 사실은 복합형태가 어휘부에 저장되어 있는 모습 및 복합형태의 처리 과정에 단어의 구성요소가 관련되어 있다는 것을 의

---

4) 클릭질: 마우스 버튼을 반복적으로 누르는 행위.
　맵시꾼: 패션에 관심이 많아 유행하는 맵시를 선호하거나 추구하는 사람. 패셔니스타
　(fashionista)의 순화어.
　배려석: 버스나 지하철 등에 사회적 약자를 위해 만든 좌석.
5) 사용 빈도가 높은 단어에 대한 어휘판단과제 반응시간은 빈도가 낮은 단어에 비해 짧
　다. '2.2. 심리어휘부 연구의 방법론'의 '빈도 효과' 참고.

미한다.

복합형태 내부의 단위가 어휘부 저장 조직의 구성 및 어휘 처리의 과정에 반영되어 있다는 사실을 지지하는 또 다른 실험적 증거로 표적어와 형태적 관련성이 있는 점화어가 표적어의 처리를 촉진한다는 점을 들 수 있다. 1장에서 언급한바 표적어를 동일하게 두고 형태적 관련성이 있는 단어쌍(cars-car)과 표기적 관련성만 있는 단어쌍(card-car)을 만들어 어휘판단과제를 실시하였을 때 동일한 표적어 'car'에 대한 어휘 판단이 표기적 관련성만 있는 조건에서보다 형태적 관련성이 있는 조건에서 더 빠르게 나타나는데, 이러한 실험 결과도 형태소가 어휘부에서 처리의 단위로서 실재성을 갖고 있다는 것을 암시한다.

어휘판단과제에서 비단어의 반응시간이 비단어의 형태적 분석 가능성에 영향을 받는다는 점도(Manelis & Tharp 1977, Caramazza et al. 1988) 복합형태 내부 단위의 심리적 실재성을 뒷받침한다. Manelis & Tharp(1977)은 비단어이지만 어근은 존재하는 형태소인 'desker'와 비단어이면서 어근도 존재하지 않는 'losker'를 제시어로 주고 판단 시간을 비교하였는데, 어근이 실재하는 'desker'의 경우에 실험참가자가 판단에 더 많은 시간을 들인다는 결과를 얻었다. 두 제시어 모두 비단어이므로 만약 실험참가자가 제시어의 내부 구조를 고려하지 않고 제시어만을 판단했다면 판단 시간에 차이가 나타나지 않았을 것이다. 어휘 판단 시 실험참가자가 비단어의 내부 구조를 분석한 뒤 구성요소들에 대한 검색을 한다고 짐작할 수 있다. 이탈리아어 화자를 대상으로 한 연구인 Caramazza et al.(1988)은 Manelis & Tharp(1977)의 실험이 자립적으로도 나타날 수 있는 어근에만 변이를 주었기 때문에 그 결과가 단순히 '비단어에 대한 단어의 우위 효과'만을 보여주는 것일 수 있다고 판단하고 비단어 제시어의 유형을 다양화하였다.

[표 4-1] Caramazza et al.(1988) 실험의 자극어 유형

제시어 유형	자극 예	
	제시 형태	비견되는 영어 형태
어근과 접사 모두 실제 형태소	cant-evi	walk-est
어근이나 접사 중 하나만 실제 형태소	cant-ovi	walk-ost
	canz-evi	wilk-est
어근과 접사 모두 실제 형태소가 아님	canz-ovi	wilk-ost

반응시간은 '어근과 접사 모두 실제 형태소인 경우 〉 어근이나 접사 중 하나만 실제 형태소인 경우 〉 어근과 접사 모두 실재하지 않는 형태소인 경우' 순으로 나타났다. 어휘판단과제를 수행하였을 때 비단어 자극에 대한 반응시간은 단어 자극에 대한 반응시간보다 길다. 여기에 대해서는 비단어는 그에 부합되는 항목이 없는 만큼 간섭과 같은 외부적 조건으로 검색이 중단될 때까지는 계속 검색 중에 있게 됨으로써 처리가 늦어진다고 설명하는 것이 일반적이다.[6] 제시어 전체가 비단어인 경우뿐만 아니라 제시어의 구성요소가 비단어인 경우에도 처리가 늦어진다면 복합 형태의 구성요소도 어휘부에 실재하며 어휘 처리 과정에서 검색의 대상이 된다고 말할 수 있다.

요컨대 화자가 어떤 단어의 구성요소가 포함된 새로운 단어를 만들어 내고 이해할 수 있다는 점, 단어굴절형의 어휘판단과제에서 굴절형 내부 요소의 빈도가 굴절형 전체의 판단 시간에 영향을 미친다는 점, 형태적으로 관련된 항목들이 서로 점화 효과를 보인다는 점, 어휘판단과제에서 비단어의 반응시간이 비단어의 형태론적 구성에 영향을 받는다는 점 등이 복합형태 구성요소의 심리적 실재성을 뒷받침하는 근거가 될 수 있다. 복합형태를 구성하는 요소가 어떤 방식으로든 복합형태의 저장이나 처리에

---

6) 어휘판단과제를 수행하였을 때 자극어가 단어인 경우가 자극어가 비단어인 경우보다 판단 시간이 짧다. '2.2. 심리어휘부 연구의 방법론'의 '비단어에 대한 단어의 우위 효과' 참고.

영향을 미친다고 가정하여야 설명될 수 있는 현상들이기 때문이다.

4.1.2. 한자어 구성요소의 심리적 실재성

복합형태의 구성요소가 심리적 실재성을 갖추고 있으며 어휘부와 관련된 각종 현상에 영향을 미친다면, 대부분의 단어가 1음절-1형태소 관계가 성립하는 복합형태인 한자어의 경우에도 그러할 것이다. 한자어 요소가 포함된 신어의 생성은 그 가능성을 간접적으로 보여 준다.

한자어의 경우에도 앞서 소개한 것과 같은, 내부 요소의 심리적 실재성에 대한 뒷받침이 가능하겠지만 국어 자료를 대상으로 한 심리언어학 연구에서 한자어 형태소에 관심을 둔 경우는 그다지 많은 편이 아니고,7) 한자어 형태소에 관심을 두었다 하더라도 그 심리적 실재성이나 어휘부 표상의 모습을 확인할 만한 실험 결과를 충분히 얻었다고 보기는 어렵다. 다양한 해석이 가능한 실험 결과를 두고 한자어에서 형태소 차원의 표상이 실재할 가능성을 언급한 경우가 있을 뿐이다.

예를 들어, 이광오·이인선(1999), 이광오·정진갑·배성봉(2007)은 한자어 형태소 표상의 실재 여부를 확인하고 형태소 표상이 어휘 접근에 미치는 영향을 알아보기 위한 실험을 실시한 결과, 한자어 인지에서 형태소 수준 표상이 실재한다는 결론을 내렸다. 이광오·이인선(1999)에서는 2음절 한자어를 재료로 하여 2회의 실험을 실시하였다. 형태소를 공유하는 점화어와 표적어를 시간차를 두고 제시하여 점화어 처리가 표적어 처리에 어떤 영향을 주는지 관찰하는 기법을 사용하였다. 첫 번째 실험에서는 표적어를 점화어의 바로 뒤에 제시하지 않고 점화어와 표적어 사이에 몇 차례의 무관(無關) 시행을 실시하였다.8) 두 번째 실험에서는 표적어를 점화

---

7) 대개 고유어 복합명사나 용언활용형의 표상이 연구 대상이 된다. 구체적인 연구 사례는 2.2. 참고.

8) 점화어와 표적어 사이에 거리를 둔 이유는 점화어의 처리 결과 충분히 활성화된 표상들이 표적어의 처리에 미치는 영향을 조사하기 위함이다. 표적어가 점화어 직후에 제시되

어의 직후에 제시하였다. 실험에 사용된 점화어-표적어 쌍의 일부를 아래에 보인다.

[표 4-2] 이광오 · 이인선(1999)의 점화어-표적어의 예

	점화어-표적어 관계			
	동일	형태소 중복	표기 중복	중립
점화어	반항	반칙	반장	공개
표적어	반항	반항	반항	반항

실험 결과 첫 번째 실험에서는 형태소 중복의 촉진적 점화 효과가 관찰되었고 표기 중복의 경우에는 별다른 효과가 관찰되지 않았다. 두 번째 실험에서는 형태소 중복의 점화 효과는 관찰되지 않았고 표기 중복의 경우 표적어의 반응이 느려지는 억제적 점화 효과가 관찰되었다. 이러한 실험 결과는 한자어 형태소 표상이 어휘부에 실재하면서 형태소 점화 효과를 일으킨 것이라고 해석될 수도 있고, 두 번째 실험에서 형태소 점화 효과가 나타나지 않은 점으로 미루어 실험 재료로 쓰인 2음절 한자어의 경우 형태소 표상이 실재하지 않는다고 해석될 수도 있다. 이광오 · 이인선(1999), 이광오 · 정진갑 · 배성봉(2007)에서는 전자의 해석을 택하였다. 일반적으로 형태소 중복이 아닌 단순 표기의 중복은 표적어의 처리를 억제하는 효과가 있고, 표적어가 점화어의 직후에 제시되는 경우 간격을 두고 제시되는 경우보다 '표기 수준의 처리'와 관련된 사실이 쉽게 관찰되는 경향이 있다고 한다. 한자어에서 형태소 중복은 표기 중복의 일종이기도 하므로 표적어를 점화어의 직후에 제시한 두 번째 실험에서 형태소 중복의 효과와 표기 중복의 효과가 동시에 나타나 점화 효과가 억제되었던 것일 뿐 점화 효과가 나타나지 않은 것은 아니라는 해석이다.

었을 경우 점화어의 처리 결과 활성화된 표상의 영향이 아니라 점화어의 표상에 접근하는 과정에서 일어난 사건들이 표적어의 처리에 미치는 영향이 관찰될 수 있기 때문이라고 한다(이광오 · 이인선 1999: 79).

위의 실험 결과는 한자어 형태소 표상과 관련된 한 가지 가능성을 보여
주지만 2음절 한자어 구성요소의 심리적 실재성이나 표상의 모습을 보다
확신을 가지고 추정하기 위해서는 더 많은 근거들이 필요하다. 형태소 중
복 효과와 표기 중복 효과의 상쇄로 형태소 점화 효과가 억제되었다든가
하는 것은 해석상의 가능성일 뿐이기 때문이다. 현재로서는 한자어 구성
요소의 심리적 실재성을 구체적으로 설명할만한 자료가 충분하지 않으므
로 여기에서는 일단 국외의 연구들에서 발견되는 복합형태 구성요소의 심
리적 실재성을 일반화하여 한자어 구성요소가 심리적으로도 실재하는 요
소임을 가정하여 두기로 한다. 이후 논의에서 한자어 자료와 실험을 통하
여 가정을 부분적으로 확인하게 될 것이다.

4.2. 심리적 단위로서의 한자어 구성요소

4.2.1. 한자 표기형식 정보와의 관계

한자어의 문법적 분석에서 한자어를 구성하는 기본적인 단위는 개별
음절이다. 한자어의 모든 음절이 한자로 표기될 수 있고 한자에는 일정한
자형(字形), 자음(字音), 자의(字義)가 있으므로, 각 음절은 모두 일정한 형
식과 의미를 갖추게 된다. 이 때문에 한자어는 일부 단어를 제외하면9) 1
음절-1형태소 대응을 이룬다고 분석된다. 복합형태를 구성하는 단위로 이

---

9) 이익섭(1969)는 2음절 이상이지만 단일어로 보아야 하는 한자어들을 아래의 세 가지로
   분류하여 제시하였다.
   ① 단어를 구성하는 한자가 해당 단어 외에 다른 한자어에 나타나는 일이 없는 경우
   예) 모순(矛盾), 산호(珊瑚), 포도(葡萄) 등.
   ② 단어를 구성하는 한자가 다른 한자어에 사용되었을 때와 의미적 관련이 없는 경우
   예) 총각(總角), 만두(饅頭), 구기(拘杞) 등.
   ③ 한자어가 비중국어 단어를 표기하기 위해 만들어진 경우
   예) 보살(菩薩), 가사(袈裟), 낭만(浪漫), 독일(獨逸), 인도(印度), 구라파(歐羅巴) 등.
   송기중(1992: 10)는 보통의 한자어와 달리 개별 음절을 형태소로 분석하기 어렵다는 점
   에서 이들 한자어를 '비전형적 한자어'라 하였다.

처럼 개별 음절을 고려하는 것은 한자어에만 적용되는 특수한 것이다. 복합형태의 구성요소는 해당 형태와 다른 형태와의 비교를 통해 결정되는 것이 보통이다. 예를 들어, '도둑질'은 '손가락질, 가위질, 걸레질 / 도둑, 도둑놈'과의 비교를 통해 '도둑'과 '-질'로 분석된다. 그런데 한자어는 한자와 관련되어 있기 때문에 다른 형태와 비교하지 않아도 처음부터 음절 단위로 분석되고, 이 때문에 구성단위를 검토할 때 개별 음절이 고려 대상이 된다.

한자어를 구성하는 개별 음절이 서로 구별되는 한자어 형태소로 성립되는 데에는 한자와의 관련성이 필수적이다. '한자로 표기될 수 있다'는 점이 전제되지 않으면 한자어 형태소가 구성하고 있는 한자어라는 대상의 정의 자체가 성립하지 않는다. 한자와 관련시켰을 때에는 서로 다른 형태소임이 분명하지만 한자어의 의미와 음성형, 한글 표기만으로는 형태소를 구별하기 어려운 경우도 잦다. 예컨대 대응되는 한자를 고려하지 않고 어휘 의미와 형태 분포만으로 '금지(禁止), 방지(防止), 지사제(止瀉劑), 지혈(止血)'의 '지'가 같은 형태소이고 '지압(指壓), 지지(支持)'의 '지'와는 구별된다는 것을 파악하기는 매우 어렵다. '시국(時局), 정국(政局), 국정(國政), 국정(國情)'에 나타나는 '국'과 '정' 중 어느 것이 같은 형태소이고 어느 것이 다른 형태소인지 알기도 상당히 어렵다. '판매(販賣), 구매(購買)'처럼 의미적으로 밀접한 관계에 있는 어휘를 분석하는 경우에 고유어 형태소를 분석할 때처럼 단어 전체의 의미와 형태 분포만 고려해서는 '매'를 같은 형태소로 파악하기 십상이다. 한자어 형태소들의 같고 다름을 판단하는 일은 한자어 형태소가 의미, 음성형식, 한글 표기형식과 함께 필수적으로 갖추고 있는 한자 표기형식에 크게 의존한다.

그런데 국어 화자가 파악하는 한자어 형태소 정보에는 한자 표기형식이 필수적이지 않다. 3장에서 살펴본 것처럼, 우선 국어 화자가 어떤 단어를 한자어라고 인식하기 위하여 그 단어의 한자 표기형식을 반드시 접해야 하는 것이 아니다. 실험심리학적 관점에서 한자어의 어휘부 표상과 처리에 접근한 연구들도 한자어의 표상과 처리가 그 구성 형태소들에 관한 암묵적 지식에 근거할 수 있으며 형태소에 대한 암묵적 지식이 어휘 학습의 단계에서 자연스럽게 이루어진 형태소 분석에 의해 습득된다고 추론한다(이광오 2003ㄴ: 117).

화자에게는 한자어에서 의미와 형식상의 공통성을 보이면서 분석될 수 있는 단위가 한자어 형태소가 된다. 예를 들어, '가요(歌謠), 가수(歌手), 가창력(歌唱力), 유행가(流行歌), 응원가(應援歌), 비가(悲歌), 축가(祝歌)'는 모두 '노래'와 관련이 있는 단어이고 공통적으로 '가'가 나타나므로 '가'는 '노래'의 의미를 가지는 한자어 형태소로 인식된다. '가건물(假建物), 가수요(假需要), 가성(假聲), 가설(假設), 가설(假說)'은 모두 '임시, 가짜'의 의미를 포함하고 있으므로 공통적으로 나타나는 '가'가 '임시, 가짜'의 의미를 가지는 요소로 인식된다. 신어의 생성과 관련하여 한자어 접사류가 신어를 만드는 데 활발히 참여한다는 사실이 자주 언급되는데, 한글 세대에 의해 조어되는 신어의 재료로 한자어 요소가 가장 많이 쓰인다는 것은 한자 표기 형식에 대한 지식 없이도 한자어를 구성하고 있는 형태소의 습득이 이루어진다는 것을 보여 준다(남기심 2005: 255-256).

단어들의 의미 관계와 음성형식, 한글 표기형식에 의해 형태소가 습득되므로 단어들의 의미 관계에서 파악할 수 있는 공통점이 적다면 문법적으로 동일한 한자 형태소들의 관련을 화자가 명확하게 인식하지 못할 수 있다. 한자에 대한 지식 없이 아래의 의미 관계만으로 '교각(橋脚), 이인삼각(二人三脚), 각주(脚註)'에서 '다리'의 의미를 가진 '각'이라는 요소를 파악하기는 상당히 어렵다. (나)의 '가(歌)'와 비교하면 형태소 파악의 어려움이 짐작된다.

(3) 가. 교각(橋脚): 다리의 몸체를 받치는 기둥
　　　　이인삼각(二人三脚): 두 사람이 옆으로 나란히 서서 맞닿은 쪽의 발목을 묶고 세 발처럼 하여 뛰는 경기.

각주(脚註): 본문 아래쪽에 따로 단 풀이.

나. 가요(歌謠): 대중들이 즐겨 부르는 노래인 '대중가요'의 준말.

　　가사(歌詞): 노래의 내용이 되는 글. 노랫말.

　　가수(歌手): 노래 부르는 것을 업으로 삼는 사람.

　　유행가(流行歌): 널리 유행하는 가요.

　반대로 의미 관계만 적절히 주어진다면 서로 다른 한자로 표기되는 형태소를 같은 요소라고 생각할 수도 있다. '직·간접류'의 형성에서 이러한 현상을 확인할 수 있다. '직·간접, 가·감속, 입·출국, 영·유아, 초·재혼'과 같은 구성은 두 단어가 서로 밀접한 의미 관계에 있으면서 의미의 공통성을 유발하는 형태소를 공유하고 있어야 형성될 수 있다.10) 그런데 '판매(販賣)'와 '구매(購買)'는 '매'의 한자가 다름에도 '판·구매'라는 구성을 이룰 수 있고, '수평(水平)'과 '수직(垂直)'의 '수'도 한자가 다르지만 '수평·직'과 같은 구성을 이룰 수 있다(안소진 2010: 209). 이들 구성은 서로 다른 한자로 표기되는 형태소가 주어진 의미 관계에 따라 같은 요소로 이해되기도 한다는 점을 보여 준다. '판매'와 '구매'의 '매'는 한자가 다르고 '수평'과 '수직'의 '수'도 한자가 다르지만 두 단어가 대조적인 의미관계에 있으면서 음성형식 또는 한글 표기형식이 동일한 요소를 포함하고 있기 때문에 화자는 '매, 수'가 의미의 공통성을 유발하는 요소라고 생각하게 된다. 공유하는 부분의 한자가 같지 않더라도 두 단어의 의미에 공통성이 있고 음이 같은 요소가 포함되어 있으면 '직·간접'과 같은 구성 형성에 문제가 없는 것이다. 한자어 형태소 인식이 개별 한자나 한문 문법에 기반한 것이 아니므로 무리 없이 이해할 수 있는 현상이다.11)

---

10) '직·간접류'의 성격에 관해서는 안소진(2010) 참고.

11) 본고의 관심은 이러한 현상을 나타나게 한 원인에 있다. 바람직하지 않은 현상이므로 한자 교육을 강화해야 한다거나, 단어 의미 이해에 미치는 영향이 크지 않아 보이므로 문제 삼을 만한 일은 아니라는 등의 현상에 대한 가치 판단 및 이어지는 대응책은 이

문법적인 분석 단위로서 한자어 형태소를 규정하는 경우에는 한자 표기 정보와의 관련이 필수적이지만 심리적인 단위로서 한자어 구성요소를 파악하는 데에는 한자 표기 정보가 필수적인 역할을 하지 않는다. 국어 화자가 인식하는 한자어 형태소는 '한자어를 구성하는 최소 단위로서 의미, 음성형식, 한글 표기형식, 한자 표기형식을 갖춘 요소'라기보다는 단어들의 의미 관계에서 그 정체가 파악되는 요소이면서 '정확히 어떻게 표기되는 한자이며 어떤 자의(字義)를 가진 한자인지는 알 수 없으나 어떤 한자와 대응될 수 있다고 생각되는, 의미를 가진 음절 형식'에 가까운 개념이라고 생각된다. 3장의 논의를 따르면 국어 화자의 인식 속에서 한자어는 '정확히 어떤 한자로 표기될 수 있는 단어'가 아니라 '한자로 표기될 수 있다고 생각되는 단어'인데,[12] 한자어 형태소를 인식하는 데 한자 표기 정보가 필수적이지 않다는 사실은 심리적 범주로서의 한자어의 정의를 볼 때도 자연스러운 것이다.

4.2.2. 시현하는 기능의 범위

한자어 형태소는 단어 안에서 나타나는 위치와 시현하는 기능이 다양하다. 이것은 고유어와 비교할 때 큰 차이점 중 하나이다. 고유어의 비자립적 요소는 고정된 위치와 기능이 있다. 예를 들어, '걸레질, 주먹질, 칼질'의 '-질'은 언제나 접미사이고 '풋고추, 풋사과, 풋사랑' 등의 '풋'은 언제나 접두사이다. 단어에 포함된 비자립적인 요소가 여러 위치에 나타나거나 상이한 기능을 하는 경우는 드물다. 반면, 한자어 형태소는 위치와 기능이 다양한 것이 일반적이다.

논의의 관심이 아니다.
12) 어떤 단어가 한자로 표기될 수 있다는 판단, 즉 한자어라는 판단은 그 단어와 의미 속성과 음운·음절 정보 등 다양한 요인에 근거한다. 3장 참고.

(4) 가. ㄱ. 국민, 국어 / 국립, 국영

　　　ㄴ. 애국, 입국, 건국 / 외국, 본국, 적국 / 문명국, 참가국, 농업국

　　나. ㄱ. 학습, 학문 / 학자, 학명, 학번, 학칙

　　　ㄴ. 입학, 진학 / 문학, 철학, 이학 / 물리학, 천문학, 경제학

　한자어의 구조를 분석하였을 때 개별 한자 형태소는 '유사 단어(類似 單語)'와 같은 모습을 보인다. 단어가 문장이나 구에서 나타나는 위치가 다양한 것처럼 한자어 형태소가 한자어에서 분석되는 위치도 다양하다. 명사적이라든가 동사적이라든가 하는, 품사와 유사한 이름을 붙일 수도 있고 문장 구성 성분으로서의 역할과 흡사한 역할을 파악할 수도 있다. 예를 들어, (가)의 '국'은 명사적인 역할을 하면서 '국민, 국어'에서는 대상을 수식하고, '외국, 본국, 적국', '문명국, 참가국, 농업국'에서는 수식 대상이 된다. '국립, 국영'에서는 서술의 주체이고 '애국, 입국, 건국'에서는 서술의 목적이다. (나)의 '학'은 동사적인 역할을 하기도 하고 명사적인 역할을 하기도 한다. '학습, 학문'에서는 '배우다'의 의미를 지니고 동사적인 역할을 한다. '입학, 진학'에서는 '학교'라는 의미의 명사적 역할을 하면서 앞에 나오는 동사적 요소의 부사어에 해당하는 역할을 한다. '문학, 철학, 이학' 및 '물리학, 천문학, 경제학'에서는 '학문'의 의미가 있는 명사적 역할을 하면서 수식의 대상이 된다.

　국어의 한자어, 그 중에서도 2음절 한자어의 대부분이 본래 한문의 통사론적 구성이기 때문에 이러한 특징이 나타난다는 것은 잘 알려진 사실이다. 아래의 예는 동일 한자로 표기될 수 있는 요소가 단어 내의 여러 위치에서 다양한 의미와 통사적 기능을 시현할 수 있음을 한눈에 보여 준다.

(5) 가. 동사: 宿泊, 宿食 / 合宿, 下宿, 野宿

　　나. 형용사: 宿德, 宿望, 宿命

다. 부사: 宿直

라. 명사: 投宿

심재기(1987: 38)

이때 '宿'이라는 요소가 보여 주는 동사, 형용사, 부사, 명사로서의 기능은 한문의 구성요소일 때만 적극적으로 발휘될 수 있는 것이다. 국어에서는 한자어 내에 봉합되기 때문에 의미 해석상으로만 존재할 뿐 문장 내 단어의 기능처럼 가시적으로 나타나지는 않는, '한자어 형태소가 보이는 일종의 유사 단어로서의 성격'으로만 이러한 기능이 파악된다.13) 그러나 봉합되었다고 하더라도 이들 본래의 통사적 기능은 한자어 형태소 분류 기준의 하나로 삼을 수 있을 정도의 흔적을 남긴다. 송기중(1992: 52-57)에서는 한자어 형태소들을 품사 분류와 유사하게 명사적 성격의 형태소인 '명사성 형태소'(예: 國, 不, 天, 權), 동사·형용사적 성격의 형태소인 '서술 명사성 형태소'(예: 成, 入, 定, 確), 관형사·부사적 성격의 형태소인 '수식 사성 형태소'(예: 大, 小, 旣, 再)로 분류한 바 있다.14)

그런데 화자가 한자어의 구조 내에서 분석되는 이러한 기능을 모두 파악하고 국어 어휘의 일부로서의 한자어를 운용하는 데 활용하는 것 같지는 않다. 예를 들어, '애국'의 '애'는 동사적, '국'은 명사적이고 단어 내에서 두 형태소의 관계가 서술어와 목적어 관계라고 하는 것은 '애'와 '국'이 자립적으로 동사와 명사 기능을 하는 상황을 접할 수 없는 국어의 습득 환경에서는 알기가 상당히 어렵다.15) 일종의 외국어 문법인 한문 문법과 그

---

13) 김창섭(2001ㄴ: 179)의 표현을 빌리면 '한문 통사론의 일부가 국어 한자어를 위해서는 형태론으로 성격이 바뀌었다'고 이야기할 수 있을 것이다.

14) 한자어 형태소가 국어의 문법체계에서 자립성을 가지고 명사 등으로 기능할 수 있는 것은 아니지만 한자어 내에서 단어와 유사한 기능을 발휘하기 때문에 이러한 용어를 사용한 것이라고 하였다(송기중 1992: 53).

15) 한문 문법을 따르는 2음절 한자어의 구성요소가 국어 화자가 운용할 수 있는 어떤 기능적 단위가 되지 못한다는 사실은 노명희(1990: 27-30, 2005: 23-25)에서 논의된 바 있다.

표기 체계인 한자에 대한 지식을 따로 습득하여야 두 요소의 관계를 파악할 수 있다. 국어 어휘로서의 한자어 습득 과정을 통해서는 여러 단어를 비교하여 각 음절들이 어떤 의미 내용을 가지는 단위라는 것을 분석하는 것까지만 할 수 있다.16)

　의미 내용을 분석할 때 모든 음절의 의미 내용을 선명히 파악할 수 있는 것도 아니다. 어떤 음절 형식이 의미적 일관성을 가지고 여러 단어에 나타나는 경우에는 한자어를 구성하는 요소로 분석할 수 있지만, 단어에서마다 다른 의미를 보이거나 분석 대상이 되는 단어가 충분히 확보되지 않으면 형태소로 인식하기 어렵다. 예를 들어, 국(國)은 '국가(國家), 국민(國民), 애국(愛國), 외국(外國), 독립국(獨立國), 문명국(文明國)' 등 '나라'와 관련된 의미를 나타내는 많은 단어에서 어려움 없이 파악할 수 있고17) '국(國)'을 매개로 하여 이 단어들을 연결할 수 있다. 반면, '숙박(宿泊), 숙식

---

16) 김창섭(2001ㄴ: 182)에서는 이들이 형태소이기는 하되 '어떤 문법 기능이 명세되지 않은, 의미와 음형식의 결합체로서의 형태소라고 하였다.

17) 각 한자어 형태소가 나타내는 의미를 '국(國)-나라'처럼 비한자어의 어떤 단어와 일치시킬 수 있는지 여부도 한자어 형태소 파악에 영향을 미치는 것으로 보인다. 송기중(1992)에서는 국어에서 분석될 수 있는 한자 형태소의 의미를 한정적 의미와 비한정적 의미로 구분하였는데, 한정적 의미는 비한자어의 어떤 단어와 일치시킨다든가 하여 선명히 파악되는 의미를 말하고 비한정적 의미는 어떤 특정한 개념이나 비한자어의 어떤 단어와 일치시키기 거북한 의미, 다양한 단어들에서 그 형태소의 공통적 의미가 있다는 것은 대략적으로 알 수는 있지만 어휘항마다 해석이 다르기 때문에 공통된 하나의 의미를 딱 집어 표현하기가 어려운 의미를 말한다(송기중 1992: 61). 한정적 의미를 가진 음절 형식의 경우 화자가 한자어 형태소로 인식하기가 더 쉬운 듯하다.
1970년대 이전 연구에서는 자립성을 갖추지 못한 개별 음절을 형태소가 아닌 단어로 간주하는 경우가 종종 발견되는데, 이 때 단어로 간주된 요소가 대부분 송기중(1992)의 '한정적 의미'를 보이는 것이었다는 점이 이와 관련하여 주목된다. 최현배(1937/1961: 687)에서는 미인(美人), 효자(孝子), 자모(慈母), 고향(故鄕) 등을 종속합성법에 의한 합성어의 예로 들고, 춘추(春秋), 명암(明暗), 형제(兄弟), 자매(姉妹), 장단(長短) 등을 대등합성법에 의한 합성어의 예로 들어 한자어를 구성하는 각 음절을 모두 단어로 보고 있음을 암시하였다. 단어로 간주되었던 한자어 형태소가 대응되는 고유어 짝을 가지고 있는 한정적 의미의 형태소라는 점이 주목을 끈다. 한자 및 한문 지식이 풍부한 연구자들에게 한정적 의미의 한자어 형태소들의 존재가 강하게 인식되어 단어로까지 생각하게 된 것이 아닌가 한다.

(宿食), 투숙(投宿)'의 '숙'을 같은 요소로 파악할 수는 있어도 '숙명(宿命), 숙적(宿敵)'의 '숙'까지 같은 한자어 형태소로 인식하기는 어렵다. '교각(橋脚), 각광(脚光), 각주(脚註), 이인삼각(二人三脚)'의 '각'은 나타나는 단어도 적은데다가 각 단어의 의미에서 공통적인 요소를 뽑아내기가 어려워 '다리 각(脚)'이라는 한자에 대한 지식과 이들 단어의 한자표기를 알지 못하면 여간해서는 같은 형태소라고 생각하기가 어렵다.

이러한 면에서 한자어 형태소 중 국어 화자가 가장 쉽게 분석할 수 있는 요소는, 즉 일관된 의미를 보이면서 여러 단어에 나타나는 특징이 두드러지는 것은 자립적인 단위에 붙어서 접사적인 역할을 하는 형태소이다. (4)에서는 '문명국, 참가국, 농업국'의 '국', '물리학, 천문학, 경제학'의 '학'과 같은 요소가 여기에 속한다. '신경제, 신문명, 신공항'의 '신', '대가족, 대도시, 대공황'의 '대'도 그러하다. 이러한 형태소는 일관된 의미를 보이면서 상당히 많은 단어에 나타날 뿐더러, 위치도 고정되어 있다. 또한 자립적인 요소와 함께 단어를 구성하고 있기 때문에 전체 단어에서 자립적인 부분을 뺀 나머지로서도 정체가 확실하다. 일관된 의미와 고정된 출연 위치로 인해 이들은 어떤 기능까지 부여받는다. 위의 '국'은 '나라'의 의미를 가지고 자립적인 요소와 결합하면서 단어의 끝에 오므로, '어떠한 성격을 가진 나라'라는 단어를 구성할 수 있는 요소가 된다. '신'은 '새로운'의 의미를 가지고 자립적인 요소와 결합하면서 단어의 첫 부분에 오므로, '새로운 ~'를 나타내는 단위를 구성할 수 있는 요소가 된다.

한자어 형태소 중 자립적인 요소에 붙어서 접사적인 역할을 하는 형태소의 존재에 대한 인식의 확실성, 그리고 그 기능에 대한 인식의 명확성은 어휘판단과제에서 비단어(非單語)에 대한 반응시간을 분석하였을 때 나타나는 경향성에서도 확인할 수 있다. 본고에서는 국어 화자 41명을 대상으로, 한자어와 유사하게 조어한 비단어 62개와 실제 한자어들을 제시어로 하여 어휘판단과제를 실시하였다.[18] 이 과제는 반응시간을 기준으로 비단어들을 구획하였을 때 나뉜 집단들이 서로 다른 언어학적 특징을 보여 주는지, 그리고 한자 및 한문 지식의 정도에 따라 비단어 반응시간에 차이가 나타나는지 살펴보기 위한 것이다.

(6) 실험의 구성

　가. 실험을 통해 살펴보고자 하는 것

　　ㄱ. 비단어 62개의 반응시간은 동일하다고 볼 수 있는 수준인가? 아니면 비단어 유형에 따라 차이가 있는가?

　　ㄴ. 한자 및 한문 지식의 정도가 비단어에 대한 반응시간에 영향을 미치는가?

　나. 과제의 구성

반응시간에 영향을 미치는 요인 2 ＼ 반응시간에 영향을 미치는 요인 1		비단어들					
		비단어 1	비단어 2	…	비단어 60	비단어 61	비단어 62
한자 및 한문 지식의 정도	학부생						
	대학원생						

---

18) 여기에서 설명하는 실험은 4.2.3.2.의 실험 결과에서 비단어와 관련된 부분만을 가져와 분석한 것이다. 실험 전체 구성에 대한 구체적인 사항은 4.2.3.2.를 참고하기 바란다. 실험에는 서울대학교 학부생 25명과 서울대학교 국어국문학과 대학원의 고전문학 전공자 중 석사 수료 이상의 연구자 16명, 총 41명이 참가하였다. 비단어는 62개가 제시되었는데 국립국어원의 《현대국어사용빈도조사 2》 자료에서 빈도 100 이하의 한자어 명사를 선택하여 음절을 추출한 뒤 이를 다시 결합하여 2음절(38개)이나 3음절(24개)로 만든 것이다. 빈도 100 이하의 명사를 선택한 이유는 단어의 빈도가 높아지면 구성하는 음절들을 결합하였을 때 이미 존재하는 단어가 만들어지는 경우가 많기 때문이다. 한자어를 구성하는 한자의 빈도에 대한 연구들에 따르면 어두와 어말 각각에 많이 나타나는 음절이 있기 때문에, 비단어를 만들기 위해 음절을 결합할 때 본래 어두에 있던 것은 비단어에서도 어두에, 본래 어말에 있던 것은 비단어에서도 어말에 배치하여 한자어의 음절 배치와 유사하게 만들도록 노력하였다. 실험 전 안내문에서 모든 제시어는 한자어라고 하여 실험참가자들이 제시된 비단어들도 한자어라고 전제하고 과제를 수행할 수 있도록 하였다.

실험 결과 얻은 비단어 반응시간에 대해 분산분석을 실시하였다.[19] 비단어들은 각각의 항목에 따라 반응 속도에 유의미한 차이를 보였고 (F=4.22, p-value<.0001, α=0.05) 한자 및 한문 지식 정도에 따라서도 차이를 보였다(F=5.03, p-value=0.0307, α=0.05).[20]

[표 4-3] 비단어 반응시간에 대한 분산분석

	자유도	제 III 유형 제곱합	평균제곱	F	유의확률
비단어	61	145874280	2391382	4.22	<.0001
한자 및 한문 지식 정도	1	52996432.0	52996432.0	5.03	0.0307
비단어 x 한자 및 한문 지식 정도	61	45444134	744986	1.31	0.0535

아래의 표는 서로 차이가 있다고 나타난 비단어 62개 항목의 반응시간 평균에 대하여 사후검정을 실시한 결과이다.[21] 아래로 내려갈수록 반응

---

19) 분산분석(analysis of variance: ANOVA)은 세 개 이상 집단의 평균이 서로 차이가 있는지 없는지를 검증하기 위하여 사용하는 통계적 기법이다. 각각의 집단에 해당하는 변수가 독립변수이며 평균 차이를 비교하고자 하는 변수가 종속변수이다. 종속변수에 영향을 미치는 요인이 하나인 경우를 일원분산분석(one-way ANOVA)이라 하고 두 개인 경우를 이원분산분석(two-way ANOVA)이라 한다. 이 실험에서는 비단어 반응시간이 종속변수가 된다. 그리고 종속변수에 영향을 미치는 요인이 '어떤 비단어에 대해 어휘 판단을 하는가, 실험 참가자의 한자 및 한문 지식이 어느 정도인가' 두 가지이므로 평균 비교 시에 적용된 분산분석은 이원분산분석이다.

20) 여기에서는 비단어에 따른 반응시간만을 살펴보고, 한자 및 한문 지식에 따른 반응시간의 차이에 대해서는 4.2.3.2.에서 후술한다.

21) 여러 집단의 평균을 비교할 때에는 아래와 같은 과정을 거치게 된다.
① 비교하고자 하는 평균들이 전체적으로 차이가 있는지 그렇지 않은지를 확인한다(사전검정). 이 실험에서는 [표 4-3]의 분산분석이 여기에 해당된다.
② 차이가 있다고 확인이 되면 어느 집단의 평균들 간에 차이가 있는지 구체적으로 살펴본다(사후검정). 사전검정에서 평균에 차이가 있다는 결과가 나왔다고 하더라도 이것이 비교하고자 하는 모든 집단의 평균에 차이가 있다는 것을 의미하지는 않는다. 따라서 어느 집단 간에 차이가 있는지 다시 분석하는 사후검정 과정이 필요하다. 예를 들어,

시간이 짧은, 즉 실험 참가자가 상대적으로 비단어임을 쉽게 판단한 항목들을 제시하였다. [표 4-4]에서 왼쪽 열의 A와 B 표시는 반응시간에 유의미한 차이가 있는 비단어 그룹을 보여 주는 것이다. A가 표시된 단어들과, 그 아래에 제시된 아무것도 표시되지 않은 단어들은 반응시간에 서로 차이가 있는 그룹이다. B가 표시된 단어들과 그 아래에 제시된 단어들도 반응시간에 있어서 서로 차이가 있는 그룹이다.

[표 4-4] 비단어 반응시간에 대한 사후검정

Tukey Grouping	반응시간 평균	비단어 항목
A	1695.4	명진
A	1601.1	육찰
B A	1514.1	점단
B A	1481.1	윤지하
B A	1446.0	가반금
B A	1437.4	괴협
B A	1418.1	근점
B A	1322.6	이달계
B A	1307.8	보항
B A	1299.4	반진초
B A	1253.6	타규
B A	1235.2	오식류
B A	1232.8	협목기
B A	1221.7	착근생
B A	1217.4	기처도
B A	1120.9	속대어
B A	1113.5	청속
B A	1080.2	추용

A, B, C 세 집단의 사전검정에서 평균들 간에 차이가 있다고 나타났을 경우 가능한 상황은 총 네 가지가 될 수 있다(① A만 다르다, ② B만 다르다, ③ C만 다르다, ④ A, B, C가 모두 다르다). 따라서 사전검정의 결과가 네 가지 중 어디에 해당되는지 다시 확인하는 과정이 필요한데 이 과정을 다중비교(multiple comparison)라고 한다. 다중비교 기법에는 Scheffe에 의한 방법, Tukey에 의한 방법, Duncan에 의한 방법 등이 있다. 본고의 비단어 반응시간 분석에서는 Tukey에 의한 방법을 사후검정 방법으로 사용하였다. 만약 사전검정에서 평균들 간에 차이가 없다는 결과가 나올 경우에는 몇몇 평균들이 서로 차이가 있는 것처럼 보이더라도 더 이상의 상세한 비교를 할 필요가 없다.

B	A	1076.4	자자적
B	A	1054.9	명충
B	A	1036.9	한뢰도
B	A	1031.4	최착
B	A	1031.3	운시심
B	A	1028.8	의위
B	A	1025.1	핵주
B	A	1013.7	각달
B		995.3	파흡
B		993.1	묵극자
B		975.4	목주생
B		974.8	과근기
B		969.4	검삽
B		968.3	산상금
B		959.0	표료
B		957.0	향오석
B		951.9	뇌연
B		946.7	인타
B		932.8	계생
B		921.8	정울
B		920.3	순혹
		914.8	핵보
		908.6	증입
		903.2	삽수
		888.6	맥체
		874.3	균봉
		866.6	보계대
		866.3	백농물
		864.8	발졸
		861.2	복최
		858.7	칙국
		857.3	치구적
		853.9	개격
		848.7	각달
		826.5	타특
		824.9	핍식
		821.5	처토
		817.2	적건
		800.1	다건
		796.9	대옥용
		772.6	맥요
		752.0	품촌양

747.7	충찬
719.9	체가고

사후검정 결과에서 주목되는 것은 반응시간이 짧은 비단어 군에는 2음절 비단어가, 반응시간이 긴 비단어 군에는 3음절 비단어가 다수 속해 있다는 점이다. 62개 비단어에서 2음절과 3음절의 비율은 1 : 0.58이다. 반응시간에서 서로 유의미한 차이가 있는 그룹인 A와 非A, B와 非B에서 각각 3음절 비단어의 비율을 비교해 보면 반응시간이 긴 경우가(A, B) 짧은 경우보다(非A, 非B) 3음절 비단어 비율이 평균 이상으로 높게 나타난다. 반응 시간이 긴 비단어군에 3음절 비단어가 모여 있음을 알 수 있다.

[표 4-5] 비단어의 반응시간 구간별 분포

	전체	A	非A	B	非B
2음절 비율	1	1	1	1	1
3음절 비율	0.58	0.92	0.42	0.77	0.35

이러한 경향성에 대해서는 몇 가지 해석이 가능하다. 첫 번째로 실험 참가자들이 비단어의 개별 음절을 형태소로 간주하여 한 음절 한 음절에 대한 해석을 시도하였을 가능성을 생각할 수 있다. 음절수가 많아지면 해석해야 할 형태소 수가 많아지므로 반응시간이 길어지게 된다. 두 번째 가능성은 참가자가 3음절 비단어를 1+2 혹은 2+1로 분석, 접사가 결합된 단어로 보고 의미 해석을 시도하였다고 보는 것이다. 두 번째 가능성은 상당히 사실에 가까울 수 있는데, 그 이유는 실험 후 판단이 어려웠던 단어가 있는지 묻는 질문에 자극어 중 '반진초, 협목기, 속대어, 향오석' 등이 혼란을 주는 단어로 꼽혔고 참가자들이 그 이유로 '반진초'는 초등학교 명을 나타내는 고유명사, '협목기'는 기기나 그릇의 일종, '속대어'는 물고기의 일종, '향오석'은 암석의 일종이 아닐까 하는 생각이 들었기 때문이라고 답하였기 때문이다.[22] Caramazza et al.(1988)의 실험에서[23] 제시된

항목 전체는 비단어이지만 그 구성요소인 접사는 실재하는 경우가 항목 전체가 비단어이고 구성요소도 실재하지 않는 경우보다 어휘판단시간이 길었는데, 본고의 실험 참가자들에게 3음절 비단어는 구성요소가 실재하는 비단어, 2음절 비단어는 구성요소가 실재하지 않는 비단어로 인식된 것이 아닌가 한다. 일반적으로 어휘판단과제에서 반응시간은 '규칙적 비단어(bix, mav)[24] 〉실재 단어 〉예외적 비단어(scough) 〉부적격한 비단어(scgix, bnate)' 순으로 길다(Handke 1995: 168, 송원용 2005ㄷ: 55). 국어 단어의 문법적 규칙성을 보이지 않는 부적격한 비단어는 단어일 가능성을 비교적 쉽게 배제할 수 있다. 실재 단어는 저장된 항목을 점검해 나가다가 일치하는 항목이 나타나면 검색을 중단할 수 있다. 반면 규칙적 비단어는 어휘부 전체 목록에 대한 검색을 마친 후에야 비단어라는 판정을 내릴 수 있기 때문에 시간이 오래 걸린다고 해석된다. 본고는 위의 3음절 비단어들이 접사적 요소가 포함된 규칙적 비단어로 파악되었을 가능성이 높다고 본다. 한자어 형태소 중 3음절어의 접사적 요소들이 심리적으로 실재하며 다른 한자어 형태소들과 비교할 때 강한 인지적 지위를 가지고 있음을 시사하는 실험 결과라 할 수 있다.

또한 새롭게 만들어지는 한자어들이 보이는 양상에서도 국어 화자가 파악할 수 있는 한자어 형태소와 그 기능을 짐작할 수 있다. 조어는 기존 단어의 내부 구조를 참조하므로 내부 구조를 파악할 수 없는 유형의 단어는 조어가 어려울 것이라고 예상된다. 국어 화자에게 명확히 인식되는 접사적 기능은 대개 3음절 한자어에서 확인되고 한문 통사의 영향으로 갖게 되는 기능은 대부분 2음절 한자어의 구성요소에서 확인되므로 새로 만들어지는 3음절 한자어의 수에 비해 2음절 한자어의 수가 적을 것이라고 예

---

22) 대학원생들이 더 많은 단어를 꼽는 경향이 있었다. 실험에 포함시킬 목적을 가지고 체계적으로 조사한 것이 아니어서 본격적인 근거가 될 수는 없다.

23) [표 4-1] 참고.

24) 괄호 안은 영어의 예이다.

상할 수 있다. 실제로 한자어 신어는 접사적 요소가 포함된 3음절어가 대부분이다. 2002년부터 2006년까지 국립국어원에서 조사한 신어 2,478개 중[25] 접사적 요소가 포함된 한자어 명사는 순수한 한자어의 경우에 접두사적인 요소가 붙어서 된 것이 21개, 접미사적인 요소가 붙어서 된 것이 108개이다. 음절 수를 제한하지 않고 접사적 요소가 외래어나 고유어와 결합한 것까지 모두 헤아리면 300여개가 넘는다. 아래에 일부를 제시한다.

(7) 가. 접두사적인 요소가 붙어서 된 것

난지원(亂支援), 냉미남(冷美男), 본수능(本修能), 역난민(逆難民), 역부감(逆俯瞰), 역전세난(逆傳貰難), 조조연(助助演), 준적국(準敵國), 초등정(初登頂)

나. 접미사적인 요소가 붙어서 된 것

승리가(勝利歌), 명품가(名品街), 무모견(無毛犬), 훈련구(訓練球), 쾌변기(快便器), 약사난(藥師難), 확인단(確認團), 훈육대(訓育臺), 선행록(善行錄), 보육모(保育母), 추모목(追慕木), 졸업세(卒業稅), 검안사(檢眼士), 세탁액(洗濯體), 외계어(外界語), 자연염(自然染), 환승족(換乘族), 충성주(忠誠酒), 발열천(發熱川)

반면, 2음절 한자어는 준말을 제외하면 아래 40여개 정도만 나타난다.

(8) 강보(强步),[26] 건탄(乾彈),[27] 견명(犬名), 광변(光變),[28] 근중(近中),[29] 노선(盧線),[30] 무초(舞草),[31] 미노(迷老),[32]

---

25) 국립국어원(편)(2007) 참고.
26) 힘차고 빠르게 걸음. 또는 그런 걸음.
27) 낚시를 할 때 쓰는 떡밥의 하나.
28) 빛의 영향으로 물체의 색이 변함.
29) 중국과 가까이 지냄.
30) 노무현 대통령의 견해의 방향이나 행동 방침을 비유적으로 이르는 말.

방청(防聽),33) 범심(犯心),34) 부심(父心), 살조(殺潮),35)

선동(善童), 설계(雪界),36) 세기(細技),37) 속식(速食),38)

수욕(樹浴),39) 시심(視心),40) 애묘(愛猫),41) 애필(愛必),42)

야인(夜人),43) 용풍(傭風),44) 운지(運指),45) 원화(元火),46)

유분(遺粉),47) 의적(衣敵),48) 입창(入倉),49) 전류(戰流),50)

정랭(政冷),51) 족압(足壓),52) 종속(終速),53) 주부(主夫),54)

주연(酒緣),55) 중경(中京),56) 초등(初登),57) 초흔(焦痕),58)

---

31) 음악 소리에 반응하여 잎과 줄기 부분이 움직이는 식물.
32) 인지 능력이 떨어져 길을 잃은 노인.
33) 도청을 막음.
34) 범죄를 저지르고 싶은 마음.
35) 적조 현상을 일으키는 미생물을 죽임.
36) 눈으로 하얗게 뒤덮인 세상.
37) 섬세한 것을 만들거나 표현할 줄 아는 기술이나 재주.
38) 음식을 지나치게 빨리 먹음.
39) 숲 속을 거닐면서 숲의 기운을 쐬는 일. 삼림욕.
40) 시청자의 마음.
41) 고양이를 사랑하고 아낌.
42) '콘돔'을 순화하여 이르는 말.
43) 주로 밤에 활동하는 사람을 비유적으로 이르는 말.
44) 용병 선수와 관련된 비리 의혹.
45) 악기를 연주할 때 손가락의 움직임.
46) 용광로에 지핀 첫 불.
47) 죽은 사람을 화장하고 나서 남은 뼈를 빻은 가루.
48) 옷맵시를 서로 겨루는 상대자.
49) '창'이라는 이름이 붙은 기관이나 조직에 들어감.
50) 전쟁이 일어날 것 같은 흐름이나 분위기.
51) 한 나라와 다른 나라의 관계가 정치적으로 냉랭함.
52) 발이 지면에 닿을 때 가해지는 압력.
53) 야구에서 투수가 던진 공이 끝으로 포수의 미트에 들어갈 때의 속도.
54) 한 가정의 살림살이를 맡아서 꾸려 가는 남자.
55) 술을 함께 마시며 쌓은 친분을 근거로 하는 연고 관계.
56) 행정 수도를 충청도로 이전할 경우 수도로 가는 일을 '상경(上京)'에 유추하여 이르는 말.
57) 어떤 산의 꼭대기에 맨 처음으로 오름.
58) 불에 그을린 흔적.

타심(打心),59) 탈미(脫美),60) 투괴(鬪魁),61) 폄미(貶美),62)

하동(夏童),63) 한상(韓商),64) 합찬(合餐),65) 합화(合火),66)

해물(害物), 혼입(婚入),67) 회문(回文)68), 후맹(嗅盲),69) 사석(死席)70)

   또한 이 중에는 한문 문법에 의거하기보다는 단순히 국어에서 사용되는 기존 단어에 유추하여 만들어진 단어가 많다.

   (9) 가. 중경(中京): 상경(上京)에서 유추한 말

        미노(迷老): 미아(迷兒)에서 유추한 말

        선동(善童): 악동(惡童)에서 유추한 말

        애묘(愛猫): 애견(愛犬)에서 유추한 말

        주연(酒緣): 학연(學緣), 지연(地緣)에서 유추한 말

        후맹(嗅盲): 색맹(色盲)에서 유추한 말

     나. 주부(主夫): 주부(主婦)에서 유추한 말

        한상(韓商): 화상(華商)에서 유추한 말

        노선(盧線): 노선(路線)에서 유추한 말

        야인(夜人): 야인(野人)에서 유추한 말

        의적(衣賊): 의적(義賊)에서 유추한 말

---

59) 야구에서 타자의 생각이나 뜻.
60) 미국에 대한 의존에서 벗어남.
61) 싸움을 잘하는 사람을 비유적으로 이르는 말.
62) 미국을 폄하함.
63) 여름철에 놀이를 하며 지내는 어린 아이.
64) 세계를 누비는 한국 출신의 상인. '화상(華商)'에서 유추한 말
65) 큰 접시에 담긴 음식을 자기 수저로 덜어 먹음.
66) 각기 다른 곳에서 채화한 성화를 한데 합침.
67) 혼인하여 들어가다.
68) 바로 읽으나 거꾸로 읽으나 뜻이 같은 문장.
69) '색맹'에서 유추한 말.
70) 사각(死角)에 있어서 전면이 다 보이지 않는 좌석. 시야 장애석.

전류(戰流): 전류(電流)에서 유추한 말

예를 들어, (가)의 '중경(中京)'은 '행정 수도를 충청도로 이전할 경우 수도로 가는 일'을 '상경(上京)'에 유추하여 만든 말인데, 이것은 '상, 중, 하'의 대립에 대한 지식을 활용해 '상'을 '중'으로 대치(代置)한 것이지 한문에서 '中'의 동사적 용법, '京'의 명사적 용법을 활용해 조어한 것이 아니다. '위로 가다, 올라가다'의 의미가 있는 '上'과 달리 한문의 '中'에는 '가운데로 가다'를 나타내는 동사적 용법이 없다. (나)는 동음이의 한자를 활용한 말놀이에 가깝다. 얼핏 한문 문법의 구성처럼 보이는 2음절 한자어 신어의 상당수는 유추에 의해 형성된 것이고 한문 문법에 따라 새로 만들어진 단어의 수는 매우 적다. 국어 화자가 한문의 통사적 흔적으로서의 한자어 형태소의 기능은 잘 활용할 수 없지만 자립적인 요소에 붙어서 접사적인 역할을 하는 형태소의 기능은 적극적으로 활용할 수 있다는 점을 확인할 수 있다.

요컨대, 한자어 형태소는 한문에서 통사적 단위였던 흔적으로서의 다양한 기능을 보이지만 국어에서는 본래의 통사적 역할을 발휘하지 못하기 때문에 화자가 이 기능을 정확히 파악하기가 어렵다. 다른 단어들과의 비교를 통해 어떤 의미를 가진 형태소를 추출할 수 있을 뿐이다. 일관된 의미가 파악되는가, 형태소가 포함된 단어의 수가 충분한가 등의 조건에 따라 형태소 의미 파악의 명확성도 달라질 수 있다. 여러 한자어 형태소 중 자립적인 요소와 결합하여 접사적인 역할을 하는 형태소가 명확한 형태소 파악을 위한 조건을 가장 잘 만족하며 이 경우에는 의미를 가진 단위일 뿐만 아니라 일정한 기능을 하는 단위로까지 인식될 수 있다.

4.2.3. 한 형태소의 인지적 지위의 다양성

4.2.3.1. 상이한 기능적 지위를 가진 형태소들의 심리적 관련성

4.2.2.에서는 국어 화자가 파악하는 한자어 형태소의 기능이 한자어 형태소의 한문 문법적 분석으로 파악될 수 있는 기능보다 제한되어 있으며, 이것이 한자어의 외래어적 특성으로 인한 것임을 보았다. 한자어 형태소의 의미와 기능을 파악하려면 의미·기능의 일관성과 충분한 유형빈도가 필요하다. 한자어 형태소 중에는 이 요건을 갖춘 것과 그렇지 못한 것이 있다. 전자의 예로 3음절 한자어의 접사적 요소를, 후자의 예로 한문 문법에 따라 구성된 2음절 한자어의 구성요소를 들었다.

그런데 한자어 형태소 중에는 동일하게 표기될 수 있는 요소가 어떤 경우에는 3음절 한자어의 접사적 요소로, 어떤 경우에는 한문 문법에 따라 구성되는 2음절 한자어의 구성요소로 나타나는 경우가 적잖게 있다.

(10) 가. 주(舟): 주선(舟船), 주군(舟軍), 주교(舟橋), 주사(舟師), 주인(舟人),
　　　　　주전(舟戰), 고주(孤舟), 방주(方舟), 소주(小舟), 어주(魚舟), 편주
　　　　　(片舟), 허주(虛舟)

　　나. -주(-舟): 독목주(獨木舟),71) 일엽주(一葉舟)72)

　　다. 선(船): 선수(船首), 선미(船尾), 선장(船長), 선원(仙園), 선주(船主),
　　　　　선박(船泊), 함선(艦船), 어선(漁船), 목선(木船), 철선(鐵船)

　　라. -선(-船): 여객선(旅客船), 수송선(輸送船), 증기선(蒸氣船), 해적선
　　　　　(海賊船), 병원선(病院船), 호화선(豪華船), 유조선(油槽船), 의무선
　　　　　(醫務船), 똑딱선(똑딱船), 카텔선(carte船), 터빈선(turbine船), 트

---

71) 통나무를 파서 만든 작은 배.
72) 일엽편주(一葉片舟). 한 척의 조그마한 배.

롤선(trawl船)

'주(舟)'는 한문 문법으로 구성된 2음절 한자어에 주로 나타나고 3음절 한자어에서는 나타나는 경우는 거의 찾을 수 없다.[73] 이와 달리 '선(船)'은 (다), (라)에서처럼 2음절 한자어의 형태소로 나타나기도 하고 3음절 한자어의 접사적 요소로 나타나기도 한다. (다)의 '선'은 의미 단위로만 파악되는 요소이거나 화자에 따라서는 형태소로서의 인식 여부가 불분명한 요소가 되고, (라)의 '선'은 의미와 기능이 파악되는 요소가 된다.

이러한 현상에 대하여 노명희(2009ㄷ)는 같은 한자로 표기되는 요소라 하더라도 경우에 따라 기능적 가치가 다를 수 있다고 보았다. 예를 들어, '신인(新人)'의 '신'과 '신여성(新女性)'의 '신'은 기능적 가치가 다르다(노명희 2009ㄷ: 129).[74] '신여성'의 '신'은 '신경제, 신공항, 신감각' 등 다수의 새로운 단어를 만들어 낼 수 있지만 '신인'의 '신'은 그렇지 않기 때문이다. '신인'의 '신'은 보통의 국어 화자에게 분석만 가능하고 결합은 불가능한 단위이며[75] 국어 단어의 한 구성 형태소로서 어근의 자격만을 가질 뿐(노명희 2005: 130) 접사라든가 관형사라든가 하는 기능적 지위를 갖지는 못한다.

---

73) 《표준국어대사전》에서 '주(舟)'로 끝나는 3음절 한자어는 '독목주, 일엽주' 정도이다. '주 (舟)'가 어말에 출현하는 단어의 수가 매우 적고 두 단어 모두 쓰임이 활발하지 않으며 '독목주'의 경우 '독목'이 단어로 존재하지 않기 때문에 '주(舟)'에는 접미사와 유사한 기능이 없다고 보아도 무방하다.

74) 기능소의 설정과 관련해서 노명희(1990, 1998, 2005)의 논의의 초점은 '신인, 신여성'의 '신(新)'을 둘로 나누는 데 있다기보다는 접사적으로 쓰일 수 없는 요소와 접사적으로 쓰일 수 있는 요소 즉 '주(舟)'와 '선(船)'같은 요소의 기능적 차이를 대비하는 데 있었다고 생각된다. '신(新)'의 기능을 나누어 보는 것은 노명희(1990, 1998, 2005)에서는 부차적인 것이다.

75) 화자에 따라서는 기능소가 되지 못하는 단위를 재료로 하여 한문 문법에 따라 새로운 한자어를 만들어 낼 수 있는 층도 있지만 노명희(2005: 25-26)에서 이러한 식으로 한자어를 만들어내는 능력은 일반적인 한국어 화자의 한자어 형성 능력은 아닌 것으로 간주된다.

노명희(2009ㄷ)의 설명은 노명희(1990, 1998, 2005)에서 논의한 '기능소/비기능소'의 구별에 의한 것이다. 노명희(1990, 1998, 2005)에서는 한자어 요소가 고유어 문법 체계 내에서 실제적인 문법 단위로 기능하는가 그러지 못하는가를 기준으로 삼아 '기능소'와 '기능소가 되지 못하는 요소'를 구별하였다.

(11) 가. 기능소Ⅰ: 학교(學校), 우정(友情), 정(情), 처가(妻家), 처(妻) 등
     나. 기능소Ⅱ: 분명(分明), 엄밀(嚴密), 철저(徹底) 등
     다. 기능소Ⅲ
        (ㄱ) 접두기능소: 대(大)-규모, 무(無)-의미, 불(不)-평등, 신(新)-개발
        (ㄴ) 접미기능소: 국가-적(的), 경영-인(人), 개방-성(性), 과학-자(者)
                                                          노명희(2005: 23)

기능소Ⅰ은 최소자립형식이고, 기능소Ⅱ는 '-하다'나 '的' 등과 결합하여 단어로 쓰이면서 '-하다'와 결합할 때는 어근 분리 현상을 보이는 요소이다. 기능소Ⅲ은 기능소Ⅰ과 기능소Ⅱ에 결합하여 접사적 성격을 나타내는 단위이다. 주로 2음절어인, 한문 문법을 따라 형성되는 '학교, 우정, 분명, 엄밀' 등의 한자어는 전체가 하나의 기능소이고, 대개 1+2 또는 2+1로 분석되는 3음절어는 1+2, 2+1의 2요소와 1요소가 각각 기능소이다. 기능소를 구성하는 비자립적 개별 음절('학교, 분명'의 '학, 교, 분, 명' 등)은 보통의 국어 화자가 이들을 결합시켜 단어를 만들어내기가 어렵기 때문에 기능소의 자격을 갖지 못한다(노명희 2005: 25).

이와 같은 한자어 형태소의 분류는 기본적으로 분포에 의한 분류이면서도, 국어 화자가 한자어 형태소에 대하여 가지고 있는 심리적인 측면을 적절히 포착해 낸 것이다. 실제로 노명희(2005: 23-24)에서는 기능소 설정과 심리어휘부와의 관련성도 언급하고 있다. 기능소는 화자의 어휘부에 직접적으로 저장되는 심리적 기억 단위인 반면, 기능소가 되지 못하는 요

소들은 간접적으로 인식만 될 뿐 기억 단위가 되지는 못한다고 보았다. 이렇게 보면 '신경제, 신공항, 신감각'의 '신', '여객선, 수송선, 증기선'의 '선'은 심리적 기억 단위이지만 '선박, 어선'의 '선'이나 '신어, 쇄신'의 '신'은 간접적으로 인식만 되는 요소이다.

이에 대하여 고재설(2007)은 한 형태소를 둘로 나누어 파악하는 이러한 설명이 지나치게 기능주의에 입각해 있다고 비판하였다. '신인(新人)'과 '신관(新館)'의 '인'과 '관'은 자립적인 단어의 자격을 가지지 못하는 반면에 '신여성(新女性)'과 '신문화(新文化)'의 '여성'과 '문화'는 자립적인 단어의 자격을 가진다는 점과, '인'과 '관'은 각각 하나의 음절인 반면에 '여성'과 '문화'는 각각 두 개의 음절이라는 차이점이 있기는 하지만, 그것이 이들에 결합한 '신'을 서로 다른 것으로 나누어 볼 충분한 근거는 되지 못한다는 것이다(고재설 2007: 208). 이러한 견해는 한자어 형태소가 단어에서 기능하는 구체적인 모습에 초점을 두기보다는 형태소가 포함된 여러 단어들에서 추상적인 하나의 형식, 송기중(1992: 55)의 용어를 사용하면 '의미소(意味素)와 유사한 하나의 형식'이 인식된다는 점에 초점을 둔 것이다. 고재설(2007)에서는 '신'이 보이는 기능적 차이가 '새로운'을 나타내는 하나의 의미소라는 공통점과 비교해 미미하다고 판단하였다고 생각된다.

그러나 어떤 한 요소가 경우에 따라 기능소이기도 하고 기능소가 아니기도 하다는 것이 화자가 이 요소가 쓰인 단어들에서 추상적인 하나의 형식을 인식한다는 것과 상충하지는 않는다. '신(新)'을 예로 들면, '쇄신, 혁신, 신어, 신작, 신여성, 신문명' 등에서 분석되는 '신'의 기능적 지위(그리고 이에 대응되는 심리어휘부에서의 지위)는 서로 다를 수 있다. 앞에서 논의한 것처럼 '신여성, 신문명'의 '신'과 같은 접사적 요소는 분명한 기능적 지위를 갖고 있다. 심리어휘부에서도 확실한 표상을 가진다.[76] '쇄신, 혁신'의 '신'은 그 반대편에 있을 것이다. '신어, 신작'의 '신'은 한편으로는

---

76) 노명희(1998, 2005: 24)에서는 '심리적 기억 단위가 될 수 있다'고 하였다.

자립성을 갖추지 못한 형식과 결합하였다는 점, 본래 한문의 문법에 따라 형성되었다는 점에서 '쇄신, 혁신'과 공통점이 있지만, 한편으로는 '어', '작'이 자립성을 갖추지 못하였다는 것 외에는 '신문명, 신여성'과 거의 동일한 기능을 보이고 있기 때문에, 비록 '기능소/비기능소'의 분류로는 비기능소에 속하지만 심리어휘부에서는 '신여성, 신문명'의 '신'과 '쇄신 혁신'의 '신'의 중간적인 지위 또는 접사적 기능을 할 수 있는 '신'에 더 가까운 지위를 가질 것이라 짐작된다. '신'의 심리어휘부에서의 지위가 이렇게 다양하다고 하더라도 단어의 의미에 '새롭다'라는 의미가 드러나 있기만 하다면 화자는 '신'이라는 공통적인 의미 요소를 충분히 포착할 수 있다. 이러한 측면에서 보면 한자어 형태소의 성격에 대한 노명희(1998, 2005)와 고재설(2007) 각각의 강조점은 심리적 단위로서의 한자어의 성격을 서로 다른 측면에서 지적한 것이었다고 생각된다. 전자는 한 형태소가 경우에 따라 다양한 심리적 지위를 가진다는 점에 중점을 둔 것이고 후자는 그럼에도 이들을 하나의 의미를 가진 단위로 인식할 수 있다는 점에 중점을 둔 것이다.

이하에서는 하나의 형태소가 쓰이는 단어에 따라 심리적 지위가 다르게 파악될 수 있음을 확인하여 보기로 한다. 4.2.2.에서 접사적 요소가 가장 확고한 심리적 지위를 가지고 있다는 것을 비단어의 해석에서 나타나는 경향성과 새로 만들어지는 한자어의 종류를 근거로 주장한 바 있다. 한문 문법을 따르는 2음절 한자어의 구성요소는 그 반대편에 있다고 보았다. 여기에서는 심리적 지위가 확고한 요소와 그렇지 않은 요소의 중간에 있다고 생각되는 자료를 살펴본다. 본고는 '기능소/비기능소'의 구별은 심리적인 측면에서 한자어 형태소를 대별(大別)할 수 있는 지점을 포착한 것이고 그 경계에 아래의 '교복, 화가, 학계, 침실, 신어, 명의, 폐품, 노승'과 같은 자료가 존재한다고 파악한다.

(12) 가. 수영복(水泳服), 교복(校服)

　　　소설가(小說家), 화가(畵家)

　　　의료계(醫療界), 학계(學界)

　　　회의실(會議室), 침실(寢室)

　　나. 신제품(新製品), 신어(新語)

　　　명탐정(名探偵), 명의(名醫)

　　　폐휴지(廢休紙), 폐품(廢品)

　　　노부부(老夫婦), 노승(老僧)

　　(12)에서 3음절로 된 한자어의 밑줄 친 부분은 노명희(1998, 2005)의 기능소이고 2음절로 된 한자어의 밑줄 친 부분은 기능소가 될 수 없다. 그런데 (가) (나) 각각의 밑줄 친 부분은 많은 공통점이 파악되는, 서로 관련이 있는 요소로 생각된다. '수영복, 교복'을 예로 들면 두 단어 모두에서 '복'은 앞 요소의 수식 대상이 되고 '옷'의 의미를 나타낸다는 공통점이 있다. 이러한 공통점 때문에 노명희(2005: 134-136)에서는 통시적으로 2음절 한자어의 구성요소가 3음절 한자어의 접사적 성분으로 발달하였을 가능성을 제시하기도 하였다. 이미 조어된 채 단어의 일부로 국어에 들어온 '폐'는 한문의 용법에 따라 수식적 용법[폐물(廢物), 폐수(廢水), 폐유(廢油)], 타동사적 용법[폐간(廢刊), 폐교(廢校)], V+V 구성을 지닌 서술적 용법[폐멸(廢滅), 폐지(廢止), 폐기(廢棄)] 등 여러 가지 기능을 수행할 수 있지만, 현대국어의 신어에 주로 나타나는 '폐'는 수식적인 용법으로만 쓰인다(폐악기, 폐신문, 폐자원, 폐목재 / 폐자전거, 폐건전지, 폐연료봉 / 폐비닐, 폐타이어, 폐스티로폼). 이러한 자료들이 '폐'가 차용어로서 한자어의 일부로만 쓰이다가 일정한 기능을 담당하며 국어에서 그 지위를 확보해 가는 과정을 보여 준다고 보았다(노명희 2005: 136). 2음절 한자어의 일부가 통시적으로 3음절 한자어의 접사적 요소로 발달하였는지 여부에는 추가적 연구가 필요하지만, 통시적 관련성을 상정할 정도의 직관적 관련성이 (12가,

나)의 밑줄 친 요소에서 파악되는 것만은 분명한 사실이라고 생각된다. 이러한 성격의 자료는 수식 관계로 분석할 수 있는 한자어에서 매우 흔하게 관찰된다. 아래의 자료가 모두 그러하다.

(13) 가. (ㄱ) 정치인(政治人), 교양인(敎養人), 관리인(管理人), 금융인(金融人) 대리인(代理人), 외국인(外國人), 동양인(東洋人)

　　　 (ㄴ) 교인(敎人), 미인(美人), 달인(達人), 명인(名人), 광인(狂人), 지인(知人)

　　 나. (ㄱ) 경제학(經濟學), 정치2(政治學), 심리학(心理學), 생물학(生物學) 언어학(言語學), 인류학(人類學), 물리학(物理學), 지리학(地理學)

　　　 (ㄴ) 문학(文學), 철학(哲學), 공학(工學), 이학(理學), 어학(語學), 서학(西學)

　　 다. (ㄱ) 의료계(醫療界), 연예계(演藝界), 가요계(歌謠界), 법조계(法曹界)

　　　 (ㄴ) 학계(學界), 재계(財界), 정계(政界)

　　 라. (ㄱ) 참가자(參加者), 합격자(合格者), 대표자(代表者), 투자자(投資者)

　　　 (ㄴ) 승자(勝者), 패자(敗者), 식자(識者), 역자(譯者), 저자(著者)

　　 마. (ㄱ) 회의실(會議室), 강의실(講義室), 연구실(研究室), 실험실(實驗室)

　　　 (ㄴ) 침실(寢室), 거실(居室)

　　 바. (ㄱ) 시험지(試驗紙), 답안지(答案紙)

　　　 (ㄴ) 백지(白紙), 전지(全紙), 갱지(更紙),

　　 사. (ㄱ) 도서관(圖書館), 미술관(美術館)

　　　 (ㄴ) 별관(別館), 본관(本館)

(14) 가. (ㄱ) 신세대(新世代), 신제품(新製品), 신개념(新概念), 신공항(新空港) 신소재(新素材), 신기술(新技術), 신인류(新人類), 신여성(新女性)

　　　 (ㄴ) 신인(新人), 신어(新語), 신혼(新婚), 신종(新種)

　　 나. (ㄱ) 명탐정(名探偵), 명가수(名歌手), 명연기(名演技), 명강의(名講義)

<u>명</u>연설(名演說), <u>명</u>문장(名文章), <u>명</u>장면(名場面)

(ㄴ) <u>명</u>의(名醫), <u>명</u>사(名士), <u>명</u>인(名人), <u>명</u>장(名匠), <u>명</u>화(名畵)

<u>명</u>저(名著), <u>명</u>주(名酒), <u>명</u>가(名家), <u>명</u>소(名所), <u>명</u>품(名品)

다. (ㄱ) <u>폐</u>휴지(廢休紙), <u>폐</u>자재(廢資材), <u>폐</u>가전(廢家電)

<u>폐</u>신문(廢新聞), <u>폐</u>자원(廢資源), <u>폐</u>목재(廢木材)

(ㄴ) <u>폐</u>물(廢物), <u>폐</u>수(廢水), <u>폐</u>유(廢油)

라. (ㄱ) <u>재</u>검토(再檢討), <u>재</u>결합(再結合), <u>재</u>개발(再開發), <u>재</u>발견(再發見)

<u>재</u>수술(再手術), <u>재</u>발급(再發給), <u>재</u>도전(再戰者), <u>재</u>개장(再開場)

(ㄴ) <u>재</u>론(再論), <u>재</u>혼(再婚), <u>재</u>발(再發), <u>재</u>고(再考)

2음절 한자어의 밑줄 친 부분은 비기능소이기는 하지만 비기능소 중에
서 기능소에 매우 가까이에 있다고 판단된다. 우선 이들의 의미와 기능이
동일하다는 점에서 관련성을 생각할 수 있다. '수영복(水泳服), 교복(校服)'
의 '복'은 수식 대상이 되고 '옷'의 의미를 나타내며, '신제품(新製品), 신어
(新語)'의 '신'은 수식하는 요소이고 '새'의 의미를 나타낸다. 수식관계의 2
음절어와 3음절어 다수에서 이러한 관련성을 볼 수 있다.

2음절어와 3음절어에 공통으로 포함된, 경음화 환경이 아닌 곳에서 경
음을 보이는 요소도 둘의 강한 심리적 관련을 짐작게 한다.

(15) 증(症)

가. (ㄱ) 괴증(壞症), 두증(痘症),[77] 조증(躁症), 화증(火症)

(ㄴ) 구토증(嘔吐症), 건조증(乾燥症), 탈수증(脫水症), 현기증(眩氣症)

나. (ㄱ) 간증(癇症),[78] 담증(膽症), 냉증(冷症), 광증(狂症)

(ㄴ) 거인증(巨人症), 다한증(多汗症), 협심증(狹心症), 건망증(健忘症)

---

77) 천연두의 증세(이하 단어의 뜻풀이는 《표준국어대사전》의 것임).

78) [한] 간질의 증세.

다. (ㄱ) 달증(疸症),79) 울증(鬱症), 탈증(脫症),80) 혈증(血症),81)

(ㄴ) 빈혈증(貧血症), 노출증(露出症), 우울증(憂鬱症), 침울증(沈鬱症)

(16) 가(價)

가. (ㄱ) 대가(對價), 무가(無價), 주가(株價), 주가(酒價)

(ㄴ) 도매가(都賣價), 전세가(傳貰價), 중저가(中低價), 판매가(販賣價)

나. (ㄱ) 단가(單價), 감가(減價), 염가(廉價), 정가(定價)

(ㄴ) 액면가(額面價), 하한가(下限價), 현금가(現金價), 공정가(公正價)

다. (ㄱ) 실가(實價), 물가(物價), 절가(折價), 헐가(歇價)

(ㄴ) 낙찰가(落札價), 입찰가(入札價), 산출가(算出價)

위의 자료에 나타나는 말음절 요소는 모두 경음으로 실현되는데 이들 경음은 국어의 경음화 규칙을 따르지 않는다는 공통점을 보인다. 각각 (ㄱ)은 모음 뒤에서 경음으로 실현되는 예이고 (ㄴ)은 비음 뒤, (ㄷ)은 'ㄹ' 뒤에서 경음으로 실현되는 예이다. 일반적으로는 경음화가 일어나지 않는 모음 뒤 환경과 비음 뒤 환경, 그리고 한자어에서는 'ㄷ, ㅅ, ㅈ'만 경음화 되는 'ㄹ' 뒤 환경에서도 마지막 음절의 자음이 경음으로 실현되는 현상을 관찰할 수 있다.82) 이러한 요소는 2음절 한자어에도 나타나고 3음절 한자

---

79) [한] 황달.
80) [한] 중풍으로 정신을 잃고 쓰러졌을 때에 혼수상태에서 입을 벌리고 팔다리가 힘없이 늘어지는 증상.
81) [한] 혈액과 혈액의 기능에 관계되는 병을 통틀어 이르는 말.
82) 이들은 일반적인 국어의 음운 법칙을 따르지 않기 때문에 이와 같은 예들이 보이는 경음화를 국어의 경음화 현상과 관련하여 설명할 수 있는 방법은 '사이시옷'에 의한 경음화'가 유일하다. 이 때문에 한자어의 경음화와 관련된 많은 연구들이 사이시옷의 관점으로 이 예외적인 경음화 현상들을 관찰하는 데에서부터 논의를 시작하였다. 그런데 선행 연구들이 내린 결론은, 한자어의 경우에는 음운론적 조건이나 선행요소와의 의미 관계 등과 상관없이, 형태소 단위로 경음화되는 요소가 있다는 것이었다(이강훈 1976, 전철웅 1979, 임홍빈 1981, 송기중 1992). 이러한 요소들은 일체의 음운론적 제약 없이, 특정 의미를 가지고 특정 문법적 기능을 하는 형태소일 때 항상 경음으로 실현되기 때

어에도 나타난다. 다시 말해 어떤 2음절 한자어와 3음절 한자어는 의미와 소리가 동일한 한자 요소를 마지막 음절에 공유한다. 예를 들어, '조증(躁症)'과 '탈수증(脫水症)'은 '증상 혹은 병'의 의미와 [쯩]이라는 소리를 가지는 요소를 말음절에 공통으로 갖는다. '대가(對價)'와 '도매가(都賣價)'는 '가격'이라는 의미와 [까]라는 소리를 가지는 요소를, '이권(利權)'과 '투표권(投票權)'은 '권리'라는 의미와 [꿘]이라는 소리를 가지는 요소를 공유한다.

이러한 경음 실현은 해당 요소의 의미, 그리고 출현 위치와 매우 밀접하게 관련되는 것이다. 예를 들어 아래 (17가)에서, '가(價)'와 동일하게 2+1의 1요소로 분석되어 접미사 기능을 가지지만 의미가 다른 '가(家)'의 경우에는 폐쇄음 뒤에 오는 경우를 제외하면 경음으로 실현되는 일이 없다(안소진 2005). (17가)(ㄱ) 모음 뒤에서도 (17가)(ㄴ) 비음 뒤에서도 (17가)(ㄷ) 'ㄹ' 뒤에서도 평음으로 실현된다. 또한 (17나)에서 보듯 '가(價)'가 어두 위치에 쓰이는 경우에는 경음으로 실현되지 않는다.

(17) 가. (ㄱ) 감여가(堪輿家), 기고가(寄稿家), 역사가(歷史家)

　　　 (ㄴ) 감정가(鑑定家), 비평가(批評家), 혁명가(革命家)

　　　 (ㄷ) 미술가(美術家), 소설가(小說家)

　　 나. 가격대(價格帶), 가치관(價値觀)

특히 해당 요소의 의미는 경음 실현을 결정하는 데 매우 구체적인 영향력을 갖는다. 상당히 특정적인, 좁은 범위의 의미를 정확히 가지고 있어야만 경음으로 실현된다. 다음은 김양진(2005: 104-106)에서 '증(證)'이 '쯩'으로 형태재구조화되는 과정에서 의미가 형태소의 발음 정보를 결정하는 요소가 된다는 점을 설명하기 위해 든 예 중 일부이다.

문에 해당 형태소의 경음은 그 형태소가 본래부터 가진 발음 정보라는 해석이 가능하다(안소진 2005).

(18) 가. 〈드러내어 밝힘; 증명〉 [즁으로 소리 남.

　　(ㄱ) 증거(證據), 증권(證券), 증례(證例), 증명(證明), 증빙(證憑), 증
　　　　서(證書), 증시(證市), 증언(證言), 증인(證人), 증좌(證左), 증지
　　　　(證紙), 증표(證票), 증험(證驗), 증후(證候)

　　(ㄴ) 간증(干證), 검증(檢證), 고증(考證), 공증(公證), 구증(口證), 논
　　　　증(論證), 대증(對證), 망증(妄證), 명증(明證), 문증(文證), 반증
　　　　(反證), 방증(傍證), 변증(辨證), 보증(保證), 실증(實證)[83], 예증
　　　　(例證), 위증(僞證), 인증(認證), 입증(立證), 확증(確證)

나. 〈드러내어 밝히기 위한 것; 증거〉 [즁으로 소리 남.

　　(ㄱ) 서증(書證), 거증(擧證), 본증(本證), 신증(信證), 심증(心證), 인
　　　　증(人證), 인증(引證), 죄증(罪證), 채증(採證), 표증(表證), 후증
　　　　(後證), 흉증(凶證)

(19) 가. 〈사실 확인용 표지〉 [쯩으로 소리 남.

　　(ㄱ) 인가증(認可證), 허가증(許可證), 휴가증(休暇證), 합격증(合格
　　　　證), 출고증(出庫證), 보관증(保管證), 출납증(出納證), 제대증
　　　　(除隊證), 수령증(受領證), 등록증(登錄證), 수료증(修了證), 권
　　　　리증(權利證), 납부증(納付證), 검사증(檢查證), 인수증(引受證),
　　　　접수증(接受證), 예약증(豫約證), 검역증(檢疫證), 검인증(檢印
　　　　證), 검정증(檢定證), 반출증(搬出證), 외출증(外出證), 여행증
　　　　(旅行證), 특허증(特許證), 보험증(保險證)

　　　　참고: 영수증(領收證) [영수증]

나. 〈신분 확인용 표〉 [쯩으로 소리 남.

　　수강증(受講證), 자격증(資格證), 당증(黨證), 주민등록증(住民登錄

---

83) '실증(實證)'의 경음 발음은 한자어에서 일반적으로 나타나는 'ㄹ' 뒤 'ㄷ, ㅅ, ㅈ'의 경음
화 때문이다.

證), 시민증(市民證), 학생증(學生證), 회원증(會員證), 면허증(免許
證)

위의 단어를 구성하는 '증(證)'은 경음으로 실현되는 경우가 있고 경음
으로 실현되지 않는 경우가 있는데 앞서 '증(症), 가(價), 권(權)'의 경우와
마찬가지로 이들의 경음 실현도 음운론적 환경보다는 해당 요소의 의미와
관련이 있다. 위 단어 속 '증(證)'은 모두 '증거, 증명'의 의미가 있다. 그런
데 '증(證)'이라는 한자의 본의(本意)라 할 수 있는 이러한 포괄적인 의미만
으로는 '증(證)'의 발음을 효과적으로 설명하지 못한다. '증(證)'이 나타내
는 의미를 세분한 뒤에야, '사실 확인용 표지'나 '신분 확인용 표'의 의미가
있을 경우에만 [쯩]으로 발음되고 그렇지 않을 경우에는 [증]으로 발음된다
는 설명이 가능한 것이다. '증(證)'의 경음화에 대한 설명에는 매우 상세한
의미 파악이 전제되어야 한다.[84] 상세한 의미와 경음이 관계를 맺는다는
것은 경음화를 보이는 요소들이 이 좁은 의미를 공유한다는 것, 좁은 의미
를 공유하므로 요소들 간에 밀접한 관련을 상정할 수 있다는 것을 의미한
다. 이상의 논의에 근거하면 비음운론적 조건에 따른 경음화를 공통적으
로 보이는 (15), (16)의 2음절 요소와 3음절 요소는 어휘부에서 관련을 맺

---

84) '증(證)'의 발음에 대한 유일한 예외가 '영수증'이다. '영수증'은 '사실 확인용 표지'의 의
   미이면서도 [영수쯩]이 아닌 [영수증]으로 실현되어 '증(證)'의 의미와 경음 실현에 대한
   일반화에 예외를 보인다. '영수증'에 대해 김양진(2005: 107)에서는 이 단어가 상대적으
   로 '사실 확인용 표지'로서의 의미를 갖추지 못하였다고 보았다. 다른 '증'들은 개인이
   발급받아 소지하면서 필요할 때 '증'에 기재된 사실을 다른 이에게 확인해 주는 표지 역
   할을 한다. 예를 들어, '허가증'은 소지자가 허가를 받았다는 것을 다른 사람에게 확인해
   주는 용도로 쓰인다. 반면에 영수증은 발급처가 돈을 받았다는 것을 증명할 뿐이다. 영
   수증 소지자가 돈을 지불하였다는 사실을 확인받기 위한 표지로서 가지고 있는 경우가
   상대적으로 드물다고 할 수 있다. 의미 분류상으로는 영수증이 '사실 확인용 표지' 부류
   에 해당하지만 이 단어의 실제 사용이 같은 의미 범주로 묶인 다른 단어와 이질적이기
   때문에 경음으로 실현되지 않는 것이다. 이러한 설명은 한자 요소의 구체적이고 특정적
   인 의미가 발음을 결정한다는 것을 지지한다. 요컨대 '증(症), 가(價), 권(權)'류의 경음
   실현은 이들의 의미와 매우 밀접한 관련이 있다.

고 있다고 가정하게 된다.

이하의 자료 모두 (15), (16)과 같은 경음 실현 양상을 보인다.

(20) 가(價)

　　가. (ㄱ) 대가(對價), 무가(無價), 주가(株價), 주가(酒價)

　　　　(ㄴ) 도매가(都賣價), 전세가(傳貰價), 중저가(中低價), 판매가(販賣價)

　　나. (ㄱ) 단가(單價), 감가(減價), 염가(廉價), 정가(定價)

　　　　(ㄴ) 액면가(額面價), 하한가(下限價), 현금가(現金價), 공정가(公正價)

　　다. (ㄱ) 실가(實價), 물가(物價), 절가(折價), 헐가(歇價)

　　　　(ㄴ) 낙찰가(落札價), 입찰가(入札價), 산출가(算出價)

(21) 권(圈)

　　가. (ㄱ) 여권(與圈), 야권(野圈), 대권(大圈),[85] 기권(氣圈)[86]

　　　　(ㄴ) 수도권(首都圈), 경제권(經濟圈), 대기권(大氣圈), 문화권(文化圈)

　　　　　　상위권(上位圈), 하위권(下位圈), 언어권(言語圈), 가시권(可視圈)

　　　　　　도시권(都市圈), 서구권(西歐圈)

　　나. (ㄱ) 상권(商圈)

　　　　(ㄴ) 금융권(金融圈), 관심권(關心圈)

　　다. 생활권(生活圈), 생물권(生物圈)[87]

(22) 권(券)

　　가. (ㄱ) 마권(馬券), 채권(債券)

　　　　(ㄴ) 승차권(乘車券), 우대권(優待券), 초대권(招待券)

---

85) [지리] 지구 표면에 그린 대원(大圓).

86) = 대기권.

87) [생물] 생물이 서식하는 범위. 물속이나 땅속, 공중 따위에 걸쳐 있다.

나. (ㄱ) 증권(證券)

   (ㄴ) 입장권(入場券), 상품권(商品券), 항공권(航空券), 회원권(會員券)

(23) 세(稅)

  가. 부가세(附加稅), 증여세(贈與稅), 양도세(讓渡稅), 토지세(土地稅)

  나. (ㄱ) 인세(印稅), 관세(關稅), 인세(人稅)

   (ㄴ) 가산세(加算稅), 재산세(財産稅), 지방세(地方稅), 통행세(通行稅)

(24) 자(字)

  가. (ㄱ) 오자(誤字), 허자(虛字)

   (ㄴ) 간체자((簡體字), 회의자(會意字), 다음자(多音字)

  나. (ㄱ) 한자(漢字), 문자(文字), 동자(同字), 영자(英字), 정자(正字), 첨
　　　자(添字)

   (ㄴ) 상형자(象形字), 초성자(初聲字), 자음자(子音字), 모음자(母音字)

(25) 장(狀)

  가. (ㄱ) 고장(告狀), 소장(訴狀)

   (ㄴ) 감사장(感謝狀), 경고장(警告狀), 검시장(檢屍狀), 결투장(決鬪狀)
　　　고소장(告訴狀), 광고장(廣告狀), 구류장(拘留狀), 소개장(紹介狀)
　　　안내장(案內狀), 연하장(年賀狀), 초대장(招待狀)

  나. (ㄱ) 상장(賞狀), 송장(送狀), 영장(令狀)

   (ㄴ) 개근장(皆勤狀), 구인장(拘引狀), 도전장(挑戰狀), 수감장(收監狀)
　　　위임장(委任狀), 표창장(表彰狀), 초청장(招請狀), 추천장(推薦狀)

(26) 점(點)

  가. (ㄱ) 기점(起點), 허점(虛點), 오점(汚點)

   (ㄴ) 차이점(差異點), 미비점(未備點), 시사점(示唆點)

나. ㉠ 정점(頂點), 쟁점(爭點), 원점(原點), 맹점(盲點)

㉡ 공통점(共通點), 논쟁점(論爭點), 의문점(疑問點), 전환점(轉換點)

(27) 증(證)

가. ㉠ 사증(査證)

㉡ 인가증(認可證), 허가증(許可證), 휴가증(休暇證), 특허증(特許證)
수료증(修了證), 권리증(權利證), 납부증(納付證), 면허증(免許證)

나. 수령증(受領證), 여행증(旅行證), 보험증(保險證) 검인증(檢印證)

'가(價), 권(圈), 권(券), 세(稅), 자(字), 장(狀), 점(點), 증(證)'이 포함된 많은 수의 단어에서 2음절어 요소와 3음절어 요소의 심리적 관련성을 짐작할 수 있는 경음화가 나타난다.

요컨대 수식 관계의 2음절어와 3음절어에서 '2음절어의 두 번째 음절-3음절어의 접미사적 요소', '2음절어의 첫 번째 음절-3음절어의 접두사적 요소'는 의미와 기능이 동일하다는 점, 경음화 환경이 아닌 곳에서 경음으로 실현되는 요소를 포함하고 있다는 점에서 어휘부에서의 관련성을 가정할 수 있다. 3음절 한자어의 접사적 요소는 매우 확고한 심리적 지위를 가지고 있고, 한문 문법을 따르는 2음절 한자어의 구성요소는 그 반대편에 있으며, 한편으로는 3음절 한자어의 접사적 요소와 2음절 한자어의 구성요소가 서로 관련되어 있음을 보여 주는 자료가 존재한다. 이와 같은 사실로 미루어 한자어 형태소는 쓰이는 단어에 따라 심리적 지위가 다양하다고 말할 수 있을 것이다. 그리고 상이한 기능적 지위, 심리적 지위를 보이는 형태소들이 공통 의미를 중심으로 하여 어휘부에서 관련을 맺고 있다.

4.2.3.2. 형태소 간 심리적 관련성 정도의 확인

이하에서는 동일한 한자어 형태소들이 어떤 단어에 나타나는가에 따라 관련성 정도가 다양할 수 있음을 실험적으로 검증함으로써 어떤 한 한자어 형태소의 심리적 지위가 다양할 수 있다는 점을 확인해 보기로 한다. 이 실험의 목적은 동일한 한자로 표기할 수 있되 국어 화자가 활용할 수 있는 정도에는 차이가 있는 한자어 형태소들의 관련성을 확인하는 것이다. 같은 한자로 표기될 수 있는 한자어 구성요소들의 관계에 대해 아래 두 가지를 가정할 수 있다.

(28) 한자어 구성요소의 심리적 관련성에 대한 가정

　　가. '교복'과 '수영복'의 '복'은 의복의 종류를 나타내는 의미적 역할을 하고 피수식어라는 점에서 공통점이 있어, 같은 한자로 표기될 수 있다고 하더라도 '복장'의 '복'과는 성격이 다르다. 이러한 점 때문에 국어 화자는 '복장'과 '수영복'의 '복'보다는 '교복'과 '수영복'의 '복'을 더 관련시킬 것이다.

　　나. '수영복'의 '복'은 선행 요소가 자립성을 갖추고 있어 분리될 수 있고 '등산복, 작업복, 체육복' 등과의 관계를 통해 접미사의 지위를 부여 받을 수 있다. 사전에도 '-복'이라는 표제어로 등재된다. 국어 화자가 적극적으로 활용할 수 있는 요소로 생각된다. 반면, '교복'의 '복'이나 '복장'의 '복'에는 '수영복'의 '복'과 같은 기능적 지위가 없다. '교복'의 '복'이 '수영복'의 '복'과 의복의 종류를 나타낸다는 의미적 공통점이 있다고 하더라도 기능적 지위가 다르기 때문에 둘 사이에는 ('교복'의 '복'과 기능적 지위가 같은) '복장'의 '복'이 '수영복'의 '복'에 대해 갖는 만큼의 심리적 거리가 있을 것이다.

(가)가 타당하다면 어휘판단과제에서 '교복-수영복'이 배열된 경우 더 큰 점화효과가 일어나 '복장-수영복'의 경우보다 '교복-수영복'의 경우 '수영복'에 대한 반응시간이 더 짧을 것이다. (나)가 타당하다면 '복장-수영복'이 배열된 경우와 '교복-수영복'이 배열된 경우 비슷한 점화효과가 일어나 두 '수영복'에 대한 반응시간이 비슷할 것이다.[88] 표적어에 대한 반응시간

이 관찰 대상이고 '어떤 점화어 뒤에 오는 표적어를 판단하는가'가 결과에 영향을 미치는 요인이 된다. 한자 및 한문 지식이 있는 사람은 그렇지 않은 사람에 비해 여러 단어에 나타나는 같은 한자어 형태소를 관련시킬 수 있는 능력이 클 수 있으므로 한자 및 한문 지식이 있는 그룹은 그렇지 않은 그룹과 다른 실험 결과를 보일 가능성이 있다. 이를 확인하기 위해 한자 및 한문 지식 정도를 반응시간에 영향을 미칠 수 있는 또 다른 요인으로 삼았다.

(29) 실험의 구성

　가. 실험을 통해 살펴보고자 하는 것

　　ㄱ. 동일한 표적어를 두고 점화어를 달리 하였을 때 표적어에 대한 반응시간은 동일하다고 볼 수 있는 수준인가? 아니면 점화어에 따라 차이가 있는가?

　　ㄴ. 한자 및 한문 지식의 정도가 표적어에 대한 반응시간에 영향을 미치는가?

　나. 과제의 구성

반응시간에 영향을 미치는 요인 1 반응시간에 영향을 미치는 요인 2	점화어의 종류	
	'복장' 형 (1차)	'교복' 형 (2차)

---

88) 이때 반응시간에 대한 가정에는 한자어 속에 포함된 형태소가 일으키는 점화 효과만이 전제되어 있다. 실제로는 형태소가 일으키는 점화 효과와 점화어 전체가 일으키는 의미 점화 효과가 혼재되어 있을 것이나 동일 형태소를 포함시키면서 의미적 관련성을 배제한 점화어-표적어 쌍을 구성한다는 것이 현실적으로 가능하지 않으므로, 이 부분은 실험의 한계로 남겨 둔다.

한자 및 한문 지식의 정도	학부생		
	대학원생		

다. 실험 참가자, 제시어, 절차

　ㄱ. **참가자** 서울대학교 학부생 25명과 서울대학교 국어국문학과 대학원의 고전문학 전공자 중 석사 수료 이상의 연구자 16명, 총 41명이 실험에 참가하였다. 학부생은 초·중·고등학교 한문 시간 외에는 한자 및 한문을 학습한 경험이 거의 없는 경우를 대상으로 하였다.[89]

　ㄴ. **제시어** 1차 실험에는 '복장-수영복'형 20쌍, 2차 실험에는 '교복-수영복'형 20쌍을 배열하였다. 1차와 2차에 각각 '점화어 20개 + 표적어 20개 + 비단어 31개 + 기타 단어 58개 = 총129개'의 단어가 제시되었다. 제시어 목록과 제시 순서는 부록의 [표 6]을 참고 바란다. 비단어와 기타 단어는 1차와 2차에 서로 다른 단어가 제시되었다. 비단어 62개(1, 2차 각각 31개)는 국립국어원의 ≪현대국어사용빈도조사 2≫ 자료에서 빈도 100 이하의 한자어 명사를 선택하여[90] 음절을 추출한 뒤 이를 결합하여 2음절(38개)이나 3음절(24개)로 만든 것이다.[91] 기타 단어 116개(1, 2차 각각 58개)는 국립국어원의 2005년 빈도조사 자료에서 무작위로 선택하였다.

---

89) 학부생 참가자의 한자 및 한문 학습 정도는 부록 [표 7] 참고. 참가자를 한자능력검정시험 6급 이하로 제한하였다.

90) 빈도가 높아지면 음절을 결합하였을 때 이미 존재하는 단어가 만들어지는 경우가 많기 때문이다.

91) 비단어 목록은 [표 4-4] 참고.

[표 4-6] 점화어-표적어 목록

1차			2차		
번호	점화어(변수)	표적어	번호	점화어(변수)	표적어
1	감각	배신감	1	직감	배신감
2	가치	전세가	2	물가	전세가
3	학풍	생물학	3	철학	생물학
4	원장	요양원	4	병원	요양원
5	처지	거래처	5	출처	거래처
6	용도	공업용	6	식용	공업용
7	지뢰	사유지	7	농지	사유지
8	인구	방송인	8	달인	방송인
9	물리	축산물	9	광물	축산물
10	실내	강의실	10	침실	강의실
11	복장	수영복	11	교복	수영복
12	어학	검색어	12	신어	검색어
13	민생	유목민	13	농민	유목민
14	회의	연주회	14	학회	연주회
15	심리	애국심	15	충심	애국심
16	세액	양도세	16	인세	양도세
17	설교	열애설	17	낭설	열애설
18	권세	매매권	18	판권	매매권
19	주막	폭탄주	19	맥주	폭탄주
20	품성	사치품	20	상품	사치품

선정된 어휘 목록을 기반으로, 심리학 실험용 소프트웨어 SuperLap Pro 2.0을 이용하여 어휘판단검사 실험 프로그램을 만들었다.

ㄷ. **절차** 본 실험이 시작되기 전에 실험과정을 설명한 지시문을 읽은 뒤 연습시행이 이루어졌다. 실험 참가자는 화면에 제시되는 자극이 단어인지 아닌지를 생각하여 단어라고 판단하면 마우스의 왼쪽 버튼을, 단어가 아니라고 판단하면 오른쪽 버튼을 눌렀다. 실험은 연습시행 20회와 본시행 129회로 구성되었으며 실험에 소요

된 시간은 한 번의 휴식시간을 포함해 약 6분 정도였다. 실험참여자가 7일 이상의 간격을 두고 1, 2차 실험에 응하도록 하여 점화어 변수에 따라 표적어 반응시간에 차이를 보이는지 관찰하고자 하였다.

실험 결과 다음과 같은 표적어별 반응시간을 얻었다.

[표 4-7] 표적어 반응시간 비교

번호	1차			2차			반응시간 평균 차 (t1-t2)
	점화어	표적어	표적어 반응시간 평균(t1)	점화어	표적어	표적어 반응시간 평균(t2)	
2	가치	전세가	1271.56	물가	전세가	796.46	475.10
7	지뢰	사유지	715.83	농지	사유지	517.34	198.49
6	용도	공업용	727.41	식용	공업용	530.78	196.63
18	권세	매매권	771.88	판권	매매권	576.37	195.51
9	물리	축산물	703.27	광물	축산물	528.07	175.20
5	처지	거래처	638.49	출처	거래처	506.02	132.46
4	원장	요양원	647.71	병원	요양원	519.15	128.56
3	학풍	생물학	641.88	철학	생물학	521.93	119.95
17	설교	열애설	600.66	낭설	열애설	518.37	82.29
10	실내	강의실	551.12	침실	강의실	480.93	70.20
16	세액	양도세	656.95	인세	양도세	596.49	60.46
13	민생	유목민	601.83	농민	유목민	551.29	50.54
14	회의	연주회	554.90	학회	연주회	507.83	47.07
11	복장	수영복	493.20	교복	수영복	450.39	42.80
15	심리	애국심	556.44	충심	애국심	535.46	20.98
8	인구	방송인	529.88	달인	방송인	549.20	-19.32
19	주막	폭탄주	523.32	맥주	폭탄주	572.37	-49.05
20	품성	사치품	526.15	상품	사치품	615.32	-89.17
1	감각	배신감	569.41	직감	배신감	692.20	-122.78
12	어학	검색어	559.61	신어	검색어	687.24	-127.63

[그림 4-1] 표적어 반응시간 비교

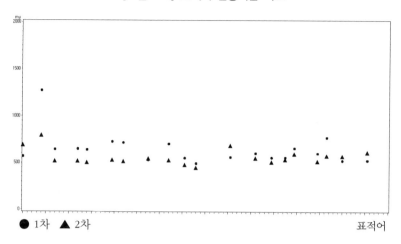

● 1차 ▲ 2차   표적어

표적어 반응시간의 단순 평균 차이를 보면 전체의 75%인 15개 항목이
2차에서 속도가 빨라진 것이 관찰된다. 표적어 반응시간에 반복측정 분산
분석을 실시한 결과[92] 실제로 1차와 2차에서 통계적으로 유의미한 수준
의 차이가 있었다(F=5.37, p-value=0.0259, α=0.05).

[표 4-8] 표적어 반응시간에 대한 반복측정 분산분석

	자유도	제 III 유형 제곱합	평균제곱	F	유의확률
회차	1	1780980.48	1780980.48	5.37	0.0259
한자 및 한문 지식 정도	1	1368923.76	1368923.76	2.54	0.1191
회차 x 한자 및 한문 지식 정도	1	1138978.77	1138978.77	3.43	0.0715

92) 반복측정 분산분석(Repeated Measures ANOVA)은 동일 집단에서 시간차를 두고 반복
    적으로 측정된 자료를 분석할 때 사용되는 분산분석이다. 반복측정 분산분석에서는 반
    복하여 측정된 자료 간에 상관성이 있다고 가정된다.

구체적으로 어떤 표적어에서 1차와 2차에 차이가 나타났는지 알아보기 위한 사후검정으로 1차와 2차 반응시간에 대해 대응표본 t-검정을 실시하였다.[93]

[표 4-9] 표적어 반응시간에 대한 대응표본 t-검정

표적어			대응차 (1차 반응속도-2차 반응속도)		t-값 (유의확률)	유의미한 차이 존재 여부 (α=0.05)
	1차	2차	평균	표준편차		
2	가치-전세가	물가-전세가	475.10	859.44	3.540 (0.001)	차이 있음
7	지뢰-사유지	농지-사유지	198.49	289.66	4.338 (0.000)	차이 있음
6	용도-공업용	식용-공업용	196.63	573.99	2.194 (0.017)	차이 있음
18	권세-매매권	판권-매매권	195.51	281.15	4.453 (0.000)	차이 있음
9	물리-축산물	광물-축산물	175.20	568.48	1.973 (0.028)	차이 있음
5	처지-거래처	출처-거래처	132.46	207.44	4.089 (0.000)	차이 있음
4	원장-요양원	병원-요양원	128.56	407.36	2.021 (0.025)	차이 있음
3	학풍-생물학	철학-생물학	119.95	389.22	1.973 (0.028)	차이 있음
17	설교-열애설	낭설-열애설	82.29	260.70	2.021 (0.025)	차이 있음
10	실내-강의실	침실-강의실	70.20	140.17	3.207 (0.002)	차이 있음
16	세액-양도세	인세-양도세	60.46	501.10	0.773 (0.222)	차이 없음
13	민생-유목민	농민-유목민	50.54	231.89	1.395 (0.086)	차이 없음

---

93) t-검정은 두 집단 간 평균의 차이를 비교할 때 사용되는 분석 기법이다. 서로 독립적인 두 집단에서 측정한 자료를 분석하는 '독립표본 t-검정'과 한 집단에서 두 번 측정한 자료와 같이 상관성이 있는 자료를 분석하는 '대응표본 t-검정'이 있다.

14	회의-연주회	학회-연주회	47.07	271.38	1.111 (0.137)	차이 없음
11	복장-수영복	교복-수영복	42.80	149.06	1.839 (0.037)	차이 있음
15	심리-애국심	충심-애국심	20.98	201.19	0.668 (0.254)	차이 없음
8	인구-방송인	달인-방송인	-19.32	532.78	-0.232 (0.409)	차이 없음
19	주막-폭탄주	맥주-폭탄주	-49.05	366.64	-0.857 (0.199)	차이 없음
20	품성-사치품	상품-사치품	-89.17	542.50	-1.052 (0.150)	차이 없음
1	감각-배신감	직감-배신감	-122.78	1233.06	-0.638 (0.265)	차이 없음
12	어학-검색어	신어-검색어	-127.63	466.64	-1.751 (0.044)	차이 있음

총 20개 중 11개 쌍에서 2차의 표적어 반응시간이 빠르게 나타났다. 8개 쌍은 차이가 나타나지 않았고 1개 쌍(어학-검색어, 신어-검색어)은 1차에서 표적어 반응시간이 빠르게 나타났다.[94] 반응시간 평균에 차이가 있다고 나타난 대부분의 경우에 2차의 표적어 반응시간이 빠르다는 결과로 볼 때 (28)의 가정 (가)를 지지할 수 있다고 생각된다. '복장-수영복, 교복-수영복'으로 예를 들어 설명하면, '교복'과 '수영복'의 '복'은 의복의 종류를 나타내는 의미적 역할을 하고 피수식어라는 점에서 공통점이 있기 때문에, 같은 한자로 표기될 수 있다고 하더라도 '복장'의 '복'과는 성격이 다르다. 이러한 점 때문에 국어 화자는 '복장'과 '수영복'의 '복'보다는 '교복'과 '수영복'의 '복'을 더 관련시키게 된다. 2음절 한자어 구성 중 목적어를 동사 뒤에 두는 타동사 구성이나 V+V 구성은 고유어 명사 또는 접사적 요소

---

94) 반응시간 차이가 나타나지 않은 8개 쌍 중 '세액-양도세, 인세-양도세', '주막-폭탄주, 맥주-폭탄주' 두 쌍은 1차의 점화어와 표적어 간에 밀접한 의미적 관련성이 있기 때문에 이러한 결과가 나타났을 것이라고 짐작된다. 나머지 6쌍에 반응시간 차이가 나타나지 않은 이유는 분명히 말하기 어렵다. '어학-검색어, 신어-검색어' 쌍에서 표적어 반응시간이 역전된 이유도 확실하지 않다.

가 포함된 3음절 한자어에서는 찾아 볼 수 없는 것이지만 수식 구성은 쉽게 찾아 볼 수 있는 구성이므로 수식적 용법의 한자어 형태소가 2음절 한자어와 3음절 한자어에 모두 쓰일 경우 양자의 관련성이 쉽게 파악될 수 있다.

위 20가지 경우 중에는 앞서 언급하였던, 음운론적 조건에 관계없이 경음으로 실현되는 요소가 포함된 항목이 있는데(가치-전세가, 물가-전세가 / 권세-매매권, 판권-매매권), 이들 두 쌍 모두 1차와 2차의 반응시간 차이가 크다는 점이 주목을 끈다. 경음으로 실현되는 요소들이 연속해서 배치되었을 때 '전세가'는 '물가'의 영향으로, '매매권'은 '판권'의 영향으로 반응 속도가 매우 빨라졌다는 사실에서 국어의 일반적인 경음화 규칙의 환경을 따르지 않고 형태론적 조건에 의해, 즉 특정 형태소일 때 나타나는 경음화를 보이는 요소들 사이의 강한 관련을 확인하게 된다.[95] 주목할 만한 다른 점으로 단어 의미가 개별 한자 의미의 합으로 설명되지 않는 단어가 자극어로 제시되었을 경우 표적어의 반응 속도에 영향을 주지 못하였다는 사실이 있다. [표 4-9]의 7번, 9번, 5번 항목에서 1차에 제시되었던 두 항목에 같은 한자로 표기될 수 있는 음절이 포함되어 있기는 하지만7번 '지(地)', 9번 '물(物)', 5번 '처(處)'] '지뢰(地雷), 물리(物理), 처지(處地)'라는 단어의 의미가 개별 한자 의미의 합으로 쉽게 설명되지 않기 때문에(혹은 '지뢰'의 '지'가 땅을 나타낸다는 것, '물리'의 '물'이 '물체, 사물'을 나타낸다는 것을 단어 의미에서 파악하기가 쉽지 않기 때문에) 1차에서 형태소 점화가 나타나기 어려웠고 이 때문에 1차와 2차간 속도 차이가 컸다고 생각된다. 한자어 개별 음절의 의미는 명확할 수 있더라도 국어 화자는 단어 전체의 의미를 먼저 습득하므로 개별 한자 요소의 의미 파악은 불명확할 수 있다.

---

95) 본고에서는 살펴보지 못하였지만, '인간성[인간썽]'과 '인성[인성]'의 '성'처럼 한 형태소가 경우에 따라 음운론적 조건을 따르지 않는 경음 실현을 보이기도 하고 보이지 않기도 하는 경우에는 두 '성'이 동일하게 어말 위치에 나타나며 수식 관계에 있고 의미가 유사하다 하더라도 한 형태소로 인식하는 정도가 약할 가능성이 있다.

학부생과 대학원생 간의 차이 즉, 한자 및 한문 지식에 따른 차이는 표적어에서는 발견되지 않았다(F=2.54, p-value=0.1191, α=0.05). 한자 및 한문 지식 여부라는 요인과 회차라는 요인의 상호 작용도 발견되지 않았다(F=3.43, p-value=0.0715, α=0.05).[96] '용도'가 '用途'로 표기된다는 것을 알고 '공업용'이 '工業用'으로 표기된다는 것을 알며 두 단어 모두에 같은 '用'이 사용되는 것을 매우 잘 알고 있다고 하더라도, 어휘판단과제 시 '용도-공업용'을 연결시키거나 '식용-공업용'의 '용'을 연결시키는 데 이 지식이 결정적으로 작용하지는 않는다고 해석된다.

표적어의 경우와 달리 비단어에서는 학부생과 대학원생의 판단 시간에 차이가 있었는데 대학원생의 판단 시간이 학부생보다 느렸다(F=5.03, p-value=0.0307, α=0.05).[97] 여기에 대해서는 두 가지 가능성을 생각해 볼 수 있다. 비단어는 단어보다 판단 시간이 느린 것이 보통인데, 기존 단어를 모두 검색해야 비단어 여부를 판정할 수 있기 때문에 비단어의 판단 시간이 더 느리다는 해석이 일반적이다. 어휘처리 과정이 어휘부의 단어를 검색해 나가는 것이라고 할 때 비단어는 그에 부합되는 항목이 없는 만큼 시간 제한 혹은 간섭 등과 같은 외부적 조건으로 검색이 중단될 때까지는 계속 처리 중에 있게 됨으로써 처리가 늦어진다(김지순·Marcus Taft 1997: 191). 대학원생의 경우 학부생보다 검색 대상이 되는 어휘 집합이 더 컸을 가능성이 있다. 다음으로, 처음 접하는 대상이라도 한자 지식을 동원하여 유의미한 단위로 해석을 시도하였기 때문에 반응 속도가 느렸던 것이라고 해석할 수도 있다. 비단어를 구성하는 각 음절들이 특정

---

96) 분산분석에서 상호 작용이란 관찰하고자 하는 결과에 영향을 미치는 요인 중에서 한 요인의 조건과 다른 요인의 조건이 서로 관계를 맺으면서 결과가 나타나는 것을 말한다. 예를 들어, 위의 실험에서 분산분석 결과 상호작용 효과가 나타났다면 이것은 대학원생은 1차에서 반응속도가 빠르고 학부생은 2차에서 반응속도가 빠르다는 것 또는 대학원생은 2차에서 반응속도가 빠르고 학부생은 1차에서 반응속도가 빠르다는 것을 의미한다.

97) [표 4-3] 참고.

한자 형태소로 인식되었고, 이 때문에 판단에 시간을 더 들였을 가능성이 있다.

이상의 실험 결과로 미루어 볼 때 '교복'과 '수영복'의 '복'은 같은 의미적 역할을 한다는 점, 피수식어라는 점에서 공통점이 있어 같은 한자로 표기될 수 있다고 하더라도 '복장'의 '복'과는 성격이 다르며, 국어 화자가 '복장'과 '수영복'의 '복'보다는 '교복'과 '수영복'의 '복'을 더 관련시킬 수 있다는 가설에 어느 정도 가능성이 있다고 생각된다.[98] 이러한 결과는 심리어휘부에서의 한자어 형태소 지위의 양극단 사이에 존재하는 형태소들의 존재를 보여 준다. 기능소와 비기능소라는 한자어 형태소의 분류가 심리적인 측면에서 한자어 형태소를 대별(大別)할 수 있는 지점을 포착한 것이었다면 이 논의는 경계에 있는 자료에 주목하여 심리적인 측면에서의 한자어 형태소의 스펙트럼을 보이고자 한 것이다. 심리어휘부에서 한자어 형태소는 의미적으로 하나로 인식될 수 있는 요소라 하더라도 인지적 지위의 강도가 서로 다르며, 이 때문에 같은 형태소여도 어떤 단어에 포함되어 있는가에 따라 서로를 활성화시킬 수 있는 정도가 달라진다고 생각된다.

---

98) 그러나 이 실험에는 여러 가지 한계가 존재한다.
　① 이 실험에서는 표적어에 대한 '형태소 점화 효과'만을 가정하고 있는데 형태소 점화는 의미 점화와 분리가 불가능하다. 의미 점화 효과가 동일한 단어를 점화어로 제시하고 형태소 점화 효과의 차이를 관찰하여야 정확한 실험이 되겠지만, 이러한 설계가 불가능에 가까울 정도로 어려워 현실적 대안으로 위와 같은 실험을 구성하였다.
　② 1차와 2차 각각 다른 비단어와 기타 단어가 사용되었다. 이것이 표적어 판단에 영향을 미치는 요인이 될 수 있다.
　③ 학부생과 대학원생을 '한자 및 한문 지식의 정도'를 변수로 하는 집단으로 보았는데 두 집단의 차이가 여기에만 있는 것 같지는 않다. 대학생들의 어휘력이 더 높을 것이라고 짐작된다. 나이와 학력, 직업 등의 모든 조건이 동일하고, 한자와 한문 지식에만 차이가 있는 실험 참가 집단을 구성할 필요가 있다.
　④ 실험 참가자가 서울대학교 학생 일부로 한정되어 있기 때문에 양적·질적인 면에서 표본의 대표성이 문제로 지적될 수 있다. 3장의 실험에도 동일한 문제가 있다.

4.3. 한자어 구성요소의 심리적 지위 획득 과정

이 절에서는 한자어 구성요소가 심리적 단위로서 가지는 특징들이 나타나는 이유를 복합형태의 표상 모델을 도입하여 심리적 지위의 획득 과정을 가정하여 봄으로써 설명해 나갈 것이다. 본고는 심리어휘부를 탐구한다는 것을 전제한 뒤 어떤 현상, 과정, 단위 등의 심리적 실재성에 중점을 두고 한자어에 접근하고 있다. 따라서 본고에서 상정하는 어휘부 모델은 한자어 복합형태와 복합형태 구성요소가 어휘부에 표상되는 과정을 설득력 있게 보여 주면서, 심리어휘부로서의 어휘부가 기본적으로 고려해야 할 사항들도 설명할 수 있는 것이어야 한다. 심리어휘부에서 어휘의 저장과 관련해 고려되어야 할 것은 다음과 같다.

(30) 가. 어휘부는 저장 공간을 충분히 확보하고 검색이 용이하도록 체계적으로 조직화되어 있다.

　　　나. 어휘부에 저장된 단위들은 고립된 것이 아니라 음운, 형태, 의미 등 여러 층위에서 상호 연계되어 있다.

　　　다. 어휘부 저장 단위로서 가장 기본적인 것은 단어이다. 단어가 결합해서 된 구, 문장이나 단어를 구성하는 형태소는 저장될 수는 있지만 저장의 기본 단위가 되지는 못한다.

어휘부의 모형화(modeling)에서 (가)를 고려해야 하는 이유는 어휘부에 저장된 단어의 양이 풍부하다는 점, 그럼에도 불구하고 검색의 속도가 무척 빠르다는 점을 생각할 때 어휘부가 저장 공간을 충분히 확보하고 검색이 용이하도록 조직화되어 있을 것이라고 가정하게 되기 때문이다. 영어의 경우를 참고하여 보면, 고등학교를 졸업한 보통 사람이 알고 있는 단어의 수는 6만개 정도일 것이라고 한다[Miller 1996/강범모 · 김성도(역) 1998: 173].[99)] 수많은 단어들 중에서 필요한 단어를 검색하는 쉽지 않은 작업을 필수적으로 거쳐야 함에도 불구하고, 언어 수행은 매우 즉각적으로 이루어진다. 어휘부가 체계적인 어휘 조직이 아니라면 많은 단어를 저장하는 것도, 언어 수행을 위하여 필요한 단어를 빠르게 처리하는 것도 불가능하다. 다음으로 (나)가 어휘부 모형화에서 고려 대상이 되는 것은 단어들의 연결 관계를 증명하는 경험적 증거들을 설명할 수 있어야 하기 때문이다. 음운, 형태, 의미 층위에서 발견되는 점화 효과라든가 연상어가 보이는 일반성 등을 설명하기 위해서는 단어들의 상호 연계를 가정해야 한다.[100]

마지막으로 (다)를 고려해야 하는 이유는 다른 어떤 문법 단위보다 단어가 인식론적으로 우선적이기(박진호 1994: 15-16) 때문이다.[101] 박진호(1994: 15-16)는 문장을 처리할 때와 단어를 처리할 때를 비교하면서 심리적 단위로서의 단어의 우선성을 주장하였다. 화자는 문장을 처리할 때 어떤 문장 저장소에서 문장을 검색하는 것이 아니라 어휘부에 저장된 단어 등을 꺼내어 이들을 일정한 원리에 의해 결합시킨다. 이 과정이 문장을 처리할 때마다 반복된다. 화자에게 단어는 원초적 요소이고 문장은 단어에 결합 원리를 적용해 도출되는 요소이다. 반면, 단어를 인출할 때는 형태소를 꺼내어 매번 이들을 일정한 원리에 의해 결합시키는 것이 아니다. 단어는 저장되어 있는 것을 꺼내어 사용한다. 형태소는 저장된 단어들의 관계 속에서만 파악될 수 있다. 따라서 단어는 인식론적으로 문장보다, 형태소보다 우선한다.[102] 단어의 인식론적 우선성은 아동의 어휘습득 과정

---

99) Aitchison[1987/임지룡·윤희수(역) 1993: 10]은 25만개 정도로 추정하고 있다. 어휘량의 추정에 사용되는 방법은 여러 가지가 있기 때문에 추정되는 어휘량은 조사에 따라 차이가 나는데, 그 중 6만이라는 숫자는 비교적 적게 평가된 것이다.

100) 1장과 3장 참고.

101) 박진호(1994)에서는 '단어' 개념을 음운론적 단어와 통사원자로 해체하였으므로 정확히 말하면 박진호(1994)에서 인식론적 우선성을 갖는 것은 일반적으로 사용되는 개념의 단어가 아니라 조사와 어미가 포함된 통사원자이다. 한자어 명사로 자료의 범위를 한정한 본고에서 '단어'로 지칭되는 것은 모두 통사원자이므로 '통사원자' 대신 '단어'를 사용하였다고 해서 개념을 혼동한 것은 아니다.

에서도 짐작할 수 있다. 영아는 대개 12개월에서 18개월 사이에 첫 '단어'
를 말하기 시작한다(조명한 외 2003: 505). 기본적인 습득 단위가 되는 것
은 단어이지 형태소나 문장이 아니다.

　이상의 내용을 종합적으로 고려하면서 인지적 관점에서 복합형태의 표
상 모델을 다룬 논의로 주목을 끄는 것은 Bybee(1985, 1988, 1995a,
1995b/2007) 등에서 설정된 연결망 모델(network model)이다. 연결망 모
델은 어휘 강도(lexical strength)와 어휘 연결(lexical connection)에 기반
해 형태론적으로 복잡한 형태들을 저장하는 방식을 모형화한 것이다.[103)]
이 모델에서 어휘부에는 단어가 풍부하게 저장되어 있으며 저장된 단어들
은 상호 연계되어 있다. 화자는 형태소를 별도의 단위로 저장하지 않고도
연결된 단어들의 관계에 의해 단어의 형태론적 구조를 파악할 수 있다.
형태론적 현상은 독립적인 표상을 가진 규칙이 아니라 저장된 단어들과
화자가 지닌 형태론적 구조 파악 능력, 곧 단어의 내부 구조를 분석하고
구성요소를 인식하며 단어들 사이에서 발견되는 규칙성을 포착하는 능력
에 의해 설명된다. 그리고 화자가 지닌 이러한 능력은 일반 인지 능력에
기초한 것이다.[104)]

---

102) 어휘부에 저장 공간을 가장 많이 확보할 수 있는 방법은 형태소와 규칙을 저장하는
　　것이다. 예를 들어, '걸레질, 칼질, 망치질, 가위질, 전화질, 낚시질, 주먹질, 싸움질, 장
　　난질'이라는 단어를 모두 저장하기보다는 '걸레, 칼, 망치, 가위, 전화, 낚시, 주먹, 싸
　　움, 장난'과 '-질'을 저장하고, 각각의 단어와 '-질'의 결합 규칙을 저장하는 것이 저장
　　공간을 덜 차지하는 방법일 수 있다. 그러나 형태소와 규칙을 저장할 경우 '걸레질'이
　　'-질'보다 인식론적으로 우선적이라는 점을 설명할 수가 없기 때문에 이러한 모델은 타
　　당성을 갖기 어렵다.
103) 이 모델은 Langacker(1987) 등의 인지적 연구에서 설명하는 어휘 저장에 대한 모델과
　　통하는 면이 있으며 Rumelhart & McClelland(1986) 등의 연결주의 모델(connectionist
　　models), Skousen(1989, 1992)의 유추적 모델(analogical model)과도 공통점이 있다.
　　어휘부에 단어를 풍부하게 저장하는 모델을 설정하고 형태론적 현상을 저장된 단어들
　　의 연결과 관련시켜 설명한다는 점이 공통적이다. 모델의 세부적인 사항에는 차이가
　　있다.
104) Bybee의 연결망 모델은 채현식(2003ㄱ), 송원용(2005ㄷ) 등 국어 유추론 논의에 이미
　　도입된 바 있다. 유추론에서 연결망 모델을 단어의 형성, 그 중에서도 고유어의 형성을

이하에서는 연결망 모델의 복합형태 표상 방식을 소개한 뒤 이를 한자어 구성요소의 파악 과정에 적용할 것이다. 이어서 이러한 설명 방식이 한자어 형태론의 몇몇 쟁점에 대해 갖는 함의를 살펴본다.

4.3.1. 연결망 모델의 복합형태 표상

연결망 모델에서 복합형태의 구성요소라는 심리적 실재가 어휘부에 자리 잡게 되는 과정은 이러하다. 단어는 완전 등재된다. 어떤 언어학적 단위는 말하고 듣고 읽고 쓰는 과정에서 처리될 때마다 이미 존재하는 표상에 사상(寫像, mapping)된다. 사상이 반복되면 표상의 어휘 강도(lexical strength)가 강해진다. 달리 표현하면 어휘부에 확실히 기억된다. 처리하는 단어의 의미와 음운론적 형태가 저장된 표상과 일치하면 바로 그 표상에 사상되고 저장된 표상은 더욱 강화된다. 그 결과 고빈도 단어는 저빈도 단어보다 표상이 확고해진다. 어휘 강도에 대한 가정은 고빈도 단어의 처리 속도가 빠르다는 현상을 설명해 줄 수 있다. 파생접미사 '-질'이 포함된 국어 파생어들로 예를 들어 보면, 어휘부에는 '걸레질, 망치질, 주먹질, 싸움질' 등의 단어가 저장되어 있다. 화자가 '걸레질'을 말하거나 듣거나 할 기회가 많아 처리가 반복되게 되면 '걸레질'은 저장된 표상에 반복적으로 사상되면서 어휘부에서 지위가 확고해진다. '주먹질'보다 '걸레질'을 접할 기회가 많았다면 어휘판단과제를 실시하였을 때 '주먹질'보다 '걸레질'에 대한 판단 속도가 더 빨라지게 된다.

처리되는 단어의 의미와 음운론적 형태가 저장된 표상과 부분적으로만 일치하는 경우, 다시 말해 처리되는 단어가 어휘부에 저장되어 있지 않은 경우에는 해당 항목에 직접 사상되는 대신에 어휘 연결(lexical connection)에 의해서 표상된 형태들에 부분적으로 사상되면서 저장된다(Bybee 1995a: 232). '클릭질'이라는 단어를 처음 접하게 되었다면 이 단어를 처리할 때에

설명하는 데 적용하였다면 본고에서는 한자어의 저장을 설명하는 데 적용한 것이다.

는 어휘부에 직접 사상할 대상이 없기 때문에 '클릭질'의 '클릭'은 저장된 '클릭'에 사상되고, '-질'은 '걸레질, 망치질, 주먹질, 싸움질'의 '-질'에 사상된다. 동시에 '클릭질' 자체도 저장된다. 사상과 저장을 통해서 연결망에 새로운 항목이 추가된다.

이러한 부분적 사상은 어휘들이 서로 연결되어 있기 때문에 가능하다. 어휘 연결에는 의미적인 연결과 음운적인 연결이 있다. 평행한 음운적, 의미적 연결이 여러 항목에서 공통적으로 발견되면서 어떤 패턴을 나타낸다면 이것이 형태론적 관계를 구성한다. 부분적 사상을 위한 어휘 연결의 존재는 어떤 다른 기제 없이 복합어의 형태론적 분석을 가능하게 한다. 우리가 '클릭질'을 두 형태소로 분석할 수 있는 것은 이 단어가 '클릭'이라는 단어와 맺는 관련, 다른 단어에 포함된 '-질'과 맺는 관련 때문이다. 이러한 설명은 우리가 '클릭질'과 같은 단어가 형태론적으로 복합적이라는 것을 다른 관련 단어와 비교함으로써 알게 된다는 사실을 포착해 준다. 이 모델에서 형태소는 독립적인 표상을 갖지 못한다. 형태소의 표상은 단어들의 연결 관계에서 나오는 일종의 부수적인 현상이다. 형태소 표상이 연결 관계에서 나오는 부수적인 현상이므로 그 형태소가 포함된 단어의 유형빈도가 높아서 단어들 간의 관계가 형성되어야 내부 단위에 대한 표상이 강화될 수 있다.

4.3.2. 한자어에 대한 형태론적 지식의 성립 과정

이러한 모델은 한자어 구성요소가 심리적 단위로서 보이는 특징을 잘 설명해낸다. 한자어는 단어 단위로 습득되어 저장된다. 화자는 한자어들이 어휘부 내에서 맺는 관련을 통해 각 한자어의 형태론적 구조를 파악할 수 있다. 한자어 형태소는 구어를 통해 습득한 한자어 또는 한글 표기를 통해 습득한 한자어들의 연결망을 통해 파악되므로 한자어 형태소가 성립하는 데 있어 한자 표기형식과의 관련은 필수적이지 않다. 다만 한자 표기형식을 학습하였을 경우에는 형태소 분석을 더 확실하고 정확하게 할 가능성, 새로운 한자어를 접하였을 때 이를 기존의 연결망에 더 잘 관련시키고 보다 광범위한 연결망을 구축할 가능성이 있다.[105]

3음절 한자어의 접사적 요소는 국어 화자가 파악할 수 있는 수준에서 일관성 있는 의미와 기능을 시현하면서 여러 단어에 반복적으로 드러나므로 화자는 접사적 요소를 절점으로 하는 여러 단어들의 관계망을 통해 이 요소가 포함된 단어의 구조를 파악하게 된다. 접사적 요소가 포함된 새로운 단어가 나타나더라도 이 단어의 구성요소를 쉽게 알 수 있다. 예를 들어, '족구화'라는 단어를 새롭게 접하였을 때 화자는 '-화'를 절점으로 연결된 '운동화, 실내화, 축구화, 신사화, 아동화' 등의 표상에 '-화'를 사상하면서 '족구화'를 저장하고, 이 과정을 통해 '족구화'의 형태론적 구조와 구성요소를 알게 된다. 반면, 한문 문법을 따르는 2음절 한자어 형태소들은 국어 화자가 파악할 수 있는 수준에서 일관성 있는 의미와 기능을 시현하지 못하기 때문에 어휘부에 형태론적 관계망이 형성되기 어렵다. 형태론적 관계망이 형성되지 않으면 새로운 단어를 저장할 때 구성요소들을 사상할 수가 없고, 이 때문에 한문 문법을 따르는 한자어 형태소들은 3음절 한자어의 접사적 요소와 달리 형태소 표상이 강화되기 힘들다. 예를 들어, '세기(細技)[106]'라는 단어를 접하였을 때에는 '세'와 '기'라는 구성요소를 사상할 만한 패턴을 보이는 적당한 대상이 없으므로 사상 과정 없이 '세기'를 저장하거나 '세밀'의 '세', '기술'의 '기' 등과 약하게 관련시키게 된다.

그런데 한문 문법을 따르는 한자어 형태소라 하더라도 3음절 한자어의 접사적 요소와 공통점이 많은 형태소들이 있다. 아래 '교복, 화가, 학계, 침실, 신어, 명의, 폐품, 노승'의 밑줄 친 형태소가 그것이다.

---

105) 어휘판단과제에서 한자 및 한문 지식이 있는 실험참가자 집단이 비단어의 판단에 더 오랜 시간을 들였다는 사실은 이들이 새로운 단어를 기존 연결망과 관련시키는 정도가 상대적으로 더 컸다는 것을 암시한다.
106) 섬세한 것을 만들거나 표현할 줄 아는 기술이나 재주(국립국어원(편) 2007: 180].

(12') 가. 수영복(水泳服), 교복(校服)

　　　 소설가(小說家), 화가(畫家)

　　　 의료계(醫療界), 학계(學界)

　　　 회의실(會議室), 침실(寢室)

　　 나. 신제품(新製品), 신어(新語)

　　　 명탐정(名探偵), 명의(名醫)

　　　 폐휴지(廢休紙), 폐품(廢品)

　　　 노부부(老夫婦), 노승(老僧)

　이들은 3음절 한자어의 접사적 요소와 의미와 기능이 매우 유사하기 때문에 접사적 요소와 함께 연결망의 절점을 이룰 수 있고 형태소 파악도 용이하다. 형태소 표상의 강도, 형태소 파악의 용이함에 있어서 3음절 한자어의 접사적 형태소가 한쪽 끝에 있고 한문 문법을 따르는 2음절 한자어의 형태소가 반대쪽에 있다면 위의 자료는 그 중간적 위치에 있다. 기능소와 비기능소를 구별하는 체계에서 설명하면 이들 요소는 형태소 표상을 갖지 못하고 파악도 어려운 비기능소의 영역에 속하기는 하지만 비기능소 중에서는 기능소 쪽에 매우 가까운 요소라 할 수 있다.

[그림 4-2] 한자어 구성요소 파악의 명확성 정도

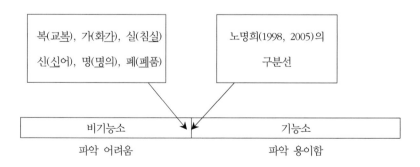

제5장 결 론

5.1. 요약

본고의 목적은 '언어 사용자의 실제 한자어 운용'의 관점에서 한자어에 대한 새로운 사실을 밝히는 것이었다. 언어를 연구하는 데 언어학자가 관찰자의 입장에서 자료를 관찰하는 것과 화자의 관점에서 언어 단위가 실제로 어떻게 운용되는지 고민하는 것 두 가지 차원이 있다면 이 글은 후자의 차원에 속하는 연구이다. 그간 관찰자의 입장에서 한자어에 접근한 연구들에서 확보된 사실과 본고에서 시도한 실험적 접근법에서 얻은 결과를 바탕으로 한자어의 어휘범주 형성 문제, 한자어 구성요소의 심리적 지위 문제를 논의하였다. 이 작업은 화자의 관점에서 접근하였을 때 한자어가 보여 주는 새로운 사실들을 기술하고, 선행 연구에서 기술한 사실과 본고에서 밝힌 사실들을 종합하여 한자어가 보이는 현상을 보다 포괄적이고 근본적으로 설명해 내기 위한 것이었다. 이 글에서 다룬 내용을 정리하면 다음과 같다.

1장에서는 연구 태도와 연구 방법, 연구 대상을 제시하였다. 우선 화자의 관점에서 한자어에 접근하고 있음을 명확히 하고, 이러한 관점이 화자의 기억의 장소인 심리어휘부와 밀접한 관련을 맺는다는 점을 설명하였다. 심리어휘부에 대한 보다 정교한 논의를 위하여 자극어에 대한 실험 참가자의 반응시간을 기록하는 실험적 방법을 시도한다는 점을 말하였다. 그리고 '한자어의 어휘범주, 한자어 구성요소'를 연구 대상으로 규정하였다. 전자는 한자어라는 집합 전체가 심리어휘부에서 보이는 속성을 다룬 것이고 후자는 한자어 집합의 내부로 들어가, 한자어 구성요소들이 어휘부에서 맺는 상호 관계와 그 관계를 통해 형성되는 한자어 구성요소들의 심리적 지위의 문제를 다룬 것이다.

2장에서는 본고에서 상정하는 어휘부인 심리어휘부의 성격과 연구 방법을 논의하였다. 본고에서 사용하는 어휘부라는 용어가 문법적 장치가 아닌 '어휘에 대한 심적 표상으로서의 어휘부'이며, 이것이 이론어휘부와 비교할 때는 실제적·구체적인 어휘부이지만 개별 화자의 어휘부와 비교할 때는 어느 정도 추상화된 어휘부라는 점을 설명하였다. 이론 내적 준거에 의해 어휘부를 설명하는 방식은 심리어휘부 연구 방법으로 적합하지 않다고 보고 어휘부에 대한 심리언어학적 연구에서 사용되는 방법과 그 결과 확인된 효과들, 그리고 이러한 방법론을 사용한 언어심리학 연구 및 국어학 연구의 실례를 살펴보았다.

3장에서는 한자어 범주가 국어의 어휘 체계를 구성하는 문법적 범주일 뿐만 아니라 어휘부에 실체를 가지고 있는 대상임을 확인한 뒤, 한자어와 고유어를 구별하는 기제에 대한 논의를 거쳐 이러한 심리적 실체가 형성되는 과정을 추정하였다.

우선 심리언어학, 언어병리학 연구들을 근거로 하여 한자어와 고유어라는 범주가 어휘부 조직에 반영되어 있을 가능성을 보이고, 기존에는 가정 차원에서 주장되었던 '국어 화자가 한자어 여부를 정확하게 판단할 수 있다는 사실'을 한자어·고유어 범주판단과제를 통해 확인하였다. 그리고 한자에 대한 지식과 비교하면서 이 능력이 개인적 지식의 차원이 아니라 언어공동체 구성원들과의 공유 개념인 직관 차원의 것임을 보였다.

범주판단과제의 결과로 얻은 한자어와 고유어의 반응시간을 분석하여 한자어의 경우 일반적인 한자어의 의미 특성인 추상성·전문성을 보이는 단어들이 빨리 판단되고, 고유어의 경우 고유어만의 음운론적 속성을 갖는 단어들이 빨리 판단된다는 사실을 기술하였다. 이러한 사실로 볼 때 선행 연구에서 제안하였던 음절 정보와 음운론적 특성 외에 단어의 의미적 특성이 한자어 여부를 판단하는 데 크게 영향을 미친다고 주장하였다.

3장의 후반부에서는 아동의 어휘발달 과정으로 미루어 의미 특성이 한자어의 범주화 및 한자어·고유어 구별 과정에 큰 영향을 줄 수 있다는 사실을 확인하였다. 마지막으로 한자어의 어휘부 범주화 과정을 인지주의의 논의로 설명함으로써 한자어라는 범주가 유사성에 기반한 범주화라는 일반 인지 능력을 통해 형성되었음을 주장하였다.

4장에서는 한자어 구성요소들이 심리어휘부에서 인식되는 단위로서 갖는 특징과 그러한 특징을 갖게 되는 과정에 대하여 논의하였다. 한자어 구성요소들이 심리어휘부에서 인식되는 단위로서 갖는 특징을 '한자 표기 형식 정보와의 관계가 필수적이지 않음, 시현하는 기능의 범위가 제한됨, 한 형태소가 다양한 인지적 지위를 가질 수 있음' 세 가지로 나누어 살펴보았다. 그리고 이러한 특징은 단어들이 어휘부 내에서 맺는 상호 관련을 통해 화자가 각 단어의 형태론적 구조를 파악하기 때문에 나타나는 현상이라고 해석하였다.

우선 국외의 논의를 검토하여 복합형태의 구성요소들이 언어 자료에서 분석되는 요소일 뿐만 아니라 어휘부에 실체를 가지고 있는 대상일 수 있다는 점을 확인하였다. 이를 근거로 한자어의 구성요소도 심리적 실재성을 가진다고 가정하였다.

이어서 한자어 구성요소가 심리적 단위로서 갖는 특징을 살펴보았다. 첫 번째 특징으로, 문법적인 분석 단위로서의 한자어 형태소는 한자 표기 정보와의 관련이 필수적이지만 심리적인 단위로서의 한자어 구성요소를 파악·정립하는 데에는 한자 표기 정보가 핵심적인 역할을 하지 않는다는 점을 지적하였다. 다수의 국어 화자에게 한자어 형태소는 '정확히 어떻게 표기되는 한자이며 어떤 자의(字義)를 가진 한자인지는 알 수 없으나 어떤 한자와 대응될 수 있다고 생각되는, 의미를 가진 음절 형식'에 가까운 개념이며, 이처럼 한자 표기형식이 필수적이지 않은 이유는 어휘 학습의 단계에서 자연스럽게 이루어진 형태소 분석에 의해 형태소에 대한 암묵적 지식이 습득되기 때문이라고 보았다.

두 번째로 심리적 단위로서의 한자어 구성요소는 문법적인 분석 단위로서의 한자어 형태소와 비교할 때 시현할 수 있는 기능이 제한되어 있다는 점을 논의하였다. 한자어 형태소는 한문에서 통사적 단위였던 흔적으로서의 다양한 기능을 보이지만 본래의 통사적 역할을 적극적으로 발휘하지는 않기 때문에 화자가 이 기능을 정확히 파악하기가 어렵다. 다른 단어들과의 비교를 통해 어떤 의미를 가진 형태소를 추출할 수 있을 뿐이다. 일관된 의미가 파악되는가, 형태소가 포함된 단어의 수가 충분한가 등의 조건에 따라 형태소 의미 파악의 명확성도 달라질 수 있다. 여러 한자어 형태소 중 자립적인 요소와 결합하여 접사적인 역할을 하는 형태소가 형태소 파악을 위한 조건을 가장 잘 만족하며 이 경우에는 의미를 가진 단위일 뿐만 아니라 일정한 기능을 하는 단위로까지 인식될 수 있다고 보았다.

심리적 단위로서의 한자어 구성요소의 세 번째 특징으로 한 형태소가 다양한 심리적 지위를 보일 수 있다는 점을 설명하였다. '2음절어의 두 번째 음절-3음절어의 접미사적 요소', '2음절어의 첫 번째 음절-3음절어의 접두사적 요소'가 밀접한 관련을 맺는 자료에 주목하여 이들 자료가 한자어 형태소가 어휘부에 표상되는 정도의 다양성을 보여 줄 수 있다고 주장하였다. 그리고 이러한 주장을 어휘판단과제에서 나타나는 형태소 점화 효과를 통해 뒷받침하였다. 심리어휘부에서 어떤 한자어 형태소는 설령 그것이 의미적으로는 하나로 인식될 수 있다고 하더라도 해당 한자어가 포함된 단어의 유형에 따라 표상의 강도가 서로 다르다고 보았다. 본고에서 관찰한 형태소 점화 효과 결과는 같은 형태소라 하더라도 서로를 활성화시키는 정도가 다를 수 있음을 보여주는데, 이 활성화 정도의 차이가 '한자어 형태소의 심리적 지위가 다양함'을 뒷받침한다고 해석하였다.

4장의 후반부에서는 고유어 자료에 적용된 바 있는, 형태론적으로 복합적인 단위에 대한 Bybee의 어휘부 표상 모델을 한자어 자료에 적용하여 이 모델의 설명 방식이 심리적 단위로서의 한자어 구성요소의 특징을 종합적으로 설명할 수 있음을 보였다.

5.2. 남은 문제 및 전망

서론에서 언급한 것과 같이 국어 형태론 연구의 성과물은 주로 단어 형성에 관한 것이거나 이를 연구하는 과정에서 파생된 것이었다. 이러한 경향은 한자어 연구에서도 크게 다르지 않았다. 구본관(2010)에서는 현재의 단어형성론 중심 형태론의 답보 상태에 돌파구를 마련하기 위해 단어형성론에 새로운 관점을 도입할 것을 제안하였는데, 새로운 시각으로 단어형성론을 탐구하는 것에 더하여 단어형성론이 아닌 다른 부분에 관심을 기울이는 것도 돌파구를 마련하기 위한 한 가지 방법이라 생각된다. 본고는 단어 형성 이외의 영역을 탐구하려고 시도하였으나 연구의 결과물이 걸쳐 있는 영역은 매우 좁다. 어휘부와 관련된 다양한 영역에 지속적으로 관심을 둠으로써 보완할 필요가 있다고 생각된다.

다른 영역에 대한 관심과 함께, 추상적인 대상에 대한 연구라 하더라도 실제적 증거에 기반하도록 노력을 기울이는 일이 필요하다. 본고는 여느 연구들과 같이 선행 연구의 제안에 기반을 두고 있는데, 이 제안들은 상당 부분 직관에 의존하였음에도 이를 확대하여 검증하였다고 할 수 있는 본 연구를 종료한 시점에서 돌아볼 때 많은 부분이 타당한 것이었다. 하지만 실험 연구의 결과가 선행 연구를 내면화한 필자의 짐작과는 다르게 나타난 부분 역시 존재한다. 직관적 추정이 실제와 다를 수 있음을 염두에 두면서, 논의의 전개 과정에서 참이라 가정한 많은 명제가 구체적 증거로 뒷받침될 수 있는지 재검토할 필요가 있다.

또한 검증 방식의 정교화가 필요하다. 그간 화자의 인식과 관련하여 실제적인 자료를 제시한 논의를 접하기 어려웠기 때문에 본고의 논의는 이 주제와 관련된 자료를 제시하였다는 점에서 의의가 있을 것으로 생각된다. 하지만 그 구체적인 방식은 다소 서툰 것이었다. 실험의 한계를 곳곳에서 언급하면서도, 그리고 스스로 발견하지 못한 설계상의 문제점도 많을 것이라고 짐작하면서도 결과적으로는 실험의 결과를 근거로 사용하였다. 논거의 문제를 보완할 수 있는 후속 연구가 뒤따라야 본고에 논증으로서의 가치를 둘 수 있을 것이다.

인간의 인지 전반에 대한 관심 및 인접 학문과의 연계도 필요한 문제로 남는다. 언어 현상을 설명하면서 그 언어를 사용하는 인간의 인지와 관련된 사실을 종합하여 논의하는 것이 더 사실에 가까이 가는 방법이라는 점에서 인접 학문과의 연계가 필요하다. 3장에서 한자어와 고유어의 의미 특성에 대한 어휘론 연구의 성과와 아동의 어휘 습득과 관련된 사실을 참고하였고 심리언어학, 뇌과학의 연구 성과물도 인용한 바 있지만, 방대한 인접 학문 연구의 극히 일부가 언급되었을 뿐이고 이조차도 해당 분야에 대한 충분한 이해를 바탕으로 한 것이라고 이야기하기 어렵다. 인간의 인지 전반에 대한 관심을 전제로 한, 다양한 분야의 지식을 통합할 수 있는 안목이 필요하다.

이정모(1997)에서는 언어라는 동일한 대상을 연구하는 언어학과 언어심리학이 설명 이론과 준거의 차이 때문에 괴리 상태가 지속되고 있지만, 두 학문의 궁극적인 목표가 인간의 언어를 설명하는 것인 한, 보다 포괄적으로 현상을 설명할 수 있는 설명 이론과 설명 준거를 수용하는 연구 경향이 필요함을 강조하고 있다. 인지과학의 틀 속에서 언어와 관련된 다양한 학문의 연결이 시도되어야 할 것이다.

참고문헌

강승식(1993), 음절 정보와 복수어 단위 정보를 이용한 한국어 형태소 분석, 서울
대학교 박사학위논문.

강승식(2002), 《한국어 형태소 분석과 정보 검색》, 홍릉과학출판사.

강승식·한광수(2005), 기본 자음 집합에 의한 한글 자음 입력 시스템, 《언어정보
와 사전편찬》 14·15·16, 연세대학교 언어정보개발원, 155-169.

고영근(1972ㄱ), 현대국어의 접미사에 대한 구조적 연구(Ⅰ)-확립기준을 중심으
로, 《서울대학교논문집(인문사회과학편)》 18, 71-101.

고영근(1972ㄴ), 현대국어의 접미사에 대한 구조적 연구(Ⅱ)-통합관계를 중심으로,
《아세아연구》 15-4, 고려대학교 아세아문제연구소, 55-80.

고영근(1974), 현대국어의 종결어미에 대한 구조적 연구, 《어학연구》 10-1, 서울
대학교 어학연구소, 118-157.

고영근(1975), 현대국어의 어말어미에 대한 구조적 연구-비종결어미를 중심으로,
《응용언어학》 7-1, 서울대학교 어학연구소, 73-99.

고영근(1992/1993), 형태소란 도대체 무엇인가, 《형태》, 11-23.

고영근(1993), 《우리말의 총체서술과 문법체계》, 일지사.

고재설(2000), 병렬 구성에서의 생략에 의한 축약, 《언어학》 8, 39-58.

고재설(2007), 한자어 형태론 연구의 현황과 과제-노명희(2005)를 중심으로, 《형
태론》 9-1, 205-218.

고창수(1996), 형태 이론의 점검, 《국어학》 27, 233-250.

고혜선·이정모(2002), 한국어의 의미 및 음운 정보가 말 산출 과정에 미치는 효
과: 실험실에서 유도된 말실수 연구, 《한국심리학회지: 실험 및 인
지》 14-4, 445-461.

구본관(1990), 경주방언 피동형에 대한 연구, 《국어연구》 100.

구본관(1992), 생성문법과 국어 조어법 연구 방법론, 《주시경학보》 9, 50-77.

구본관(1998), 《15세기 국어 파생법에 대한 연구》, 태학사.

구본관(2002ㄱ), 파생어 형성과 의미, 《국어학》 39, 105-135.

구본관(2002ㄴ), 형태론의 연구사, 《한국어학》 16, 1-48.

구본관(2008), 한국어 색채 표현에 대한 인지언어학적 고찰, 《형태론》 10-2, 261-285.

구본관(2009), 복합 색채어의 의미 연구, 《국어학》 55, 173-211.

구본관(2010), 단어형성론 논의의 확장을 위하여-양정호(2008)에 답함, 《형태론》 12-1, 111-119.

국립국어연구원(편)(1999), 《표준국어대사전》, 두산동아.

국립국어연구원(2001), 《국어 순화 자료집》.

국립국어연구원(2002ㄱ), 《표준국어대사전》 연구 분석.

국립국어연구원(2002ㄴ), 《현대국어사용빈도조사 1》.

국립국어연구원(2003), 《국어 순화 자료집 합본(1991-2003)》.

국립국어원(편)(2005ㄱ), 《2005년 신어》.

국립국어원(2005ㄴ), 《현대국어사용빈도조사 2》.

국립국어원(편)(2007), 《사전에 없는 말 신조어》, 태학사.

권인한(1987), 음운론적 기제의 심리적 실재성에 대한 연구-발화실수와 외래어 수용의 자료를 중심으로, 《국어연구》 76.

권인한(1997), 현대국어 한자어의 음운론적 고찰, 《국어학》 29, 243-261.

김경아(1990), 활용에서의 기저형설정과 음운현상, 《국어연구》 94.

김경일(1985), 한국어 음절 구조에 대한 통계적 분석, 서울대학교 석사학위논문.

김광해(1982), 복합명사의 신생과 어휘화 과정에 대하여, 《국어국문학》 88/국어국문학회(1994), 《국어국문학 국어학편》 12, 117-142에 재수록.

김광해(1988), 이차 어휘의 교육에 대하여, 《선청어문》 16 · 17, 50-63.

김광해(1989), 현대국어의 유의현상(類意現象)에 대한 연구-고유어 대 한자어의 일대다(一對多)대응현상을 중심으로, 서울대학교 박사학위논문.

김광해(1990), 어휘소간의 의미 관계에 대한 재검토, 《국어학》 20, 28-46.

김광해(1993), 《국어 어휘론 개설》, 집문당.

김광해(1994), 한자 합성어, 《국어학》 24, 467-484.

김광해(1998), 유의어의 의미 비교를 통한 뜻풀이 정교화 방안에 대한 연구, 《선청어문》 26, 5-40.

김광해(1999), 형용사 유의어의 뜻풀이 정교화 방안에 대한 연구, 《선청어문》 27,

605-631.

김광해(2003), 《등급별 국어교육용 어휘》, 박이정.

김규철(1980), 한자어 단어형성에 관한 연구, 《국어연구》 41.

김규철(1990), 한자어, 《국어연구 어디까지 왔나》, 동아출판사, 519-530.

김규철(1997), 한자어의 단어형성, 《국어학》 29, 261-308.

김명광(2007), 잠재어와 어휘부의 상호 관계에 대한 일고찰-개념, 규칙, 등재부의 적용 순서 구축을 통하여, 《어문학》 98, 1-27.

김무림(1993), 한국어 Lexicon 연구: 국어의 음운부와 어휘부, 《어문논집》 32, 155-183.

김무림(2002), 국어 음운 현상의 성격과 범위-음운부와 어휘부의 구조에 관련하여, 《한국어학》 17, 181-199.

김석득(1962), 형태소(形態素, Morpheme)의 변이 형태소(Allomoph)로의 분석, 《한글》 129, 8-29.

김선영·김천학·안소진(2007), Packard(2000)에 대한 서평, 《형태론》 9-2, 417-428.

김성규(1987), 어휘소 설정과 음운현상, 《국어연구》 77.

김성규(1988), 비자동적 교체의 공시적 기술, 《관악어문연구》 13, 25-44.

김양진(2005), 일음절 한자어 어기의 형태론적 재해석, 《어문논집》 52, 97-120.

김양진·이현희(2009), 〈고려대 한국어대사전〉의 형태 분석 정보, 《민족문화연구》 51, 고려대학교 민족문화연구원, 55-117.

김영욱(1994), 불완전 계열에 대한 형태론적 연구, 《국어학》 24, 87-109.

김완진(1971), 《국어음운체계의 연구》, 일조각.

김왕규(2005), 한자 자훈 이해와 한자어 의미 이해의 상관도, 《청람어문교육》 30, 청람어문교육학회, 199~222.

김윤정·정재범·남기춘(2000), 한국어 불규칙 용언의 형태 정보: 실어증 환자를 중심으로, 《언어청각장애연구》 5-2, 언어청각장애연구회, 38-52.

김의수(2013), 어휘부와 통사론, 《국어학》 66, 415-443.

김일환(2000), 어근적 단어의 형태·통사론, 《한국어학》 11, 213-226.

김일환(2003), 국어의 어근과 어근적 단어, 《형태론》 5-1, 67-80.

김정남(2007), 'X-대(臺)'형 합성어의 몇 가지 유형에 대하여, 《형태론》 9-1,

69-91.

김종미(1986), *Phonology and syntax of Korean morphology*, 한신문화사.

김종훈(1990), 《음절음운론》, 한신문화사.

김지순·Marcus Taft(1997), 읽기 과정에서의 어휘 처리, 《인지심리학의 제문제 Ⅱ》, 학지사, 185-210.

김창섭(1985), 시각형용사의 어휘론, 《관악어문연구》 10, 149-176.

김창섭(1996), 《국어의 단어형성과 단어구조 연구》, 태학사.

김창섭(1997), '하다' 동사 형성의 몇 문제, 《관악어문연구》 22, 247-267.

김창섭(1999) 국어어휘자료처리를 위한 한자어의 형태·통사론적 연구, 연구보고 서(국립국어연구원 1999-1-5).

김창섭(2001ㄱ), 'X하다'와 'X를 하다'의 관계에 대하여, 《어학연구》 37-1, 서울대 학교 어학연구소, 63-85.

김창섭(2001ㄴ), 한자어 형성과 고유어 문법의 제약, 《국어학》 37, 177-195.

김창섭(2002), 경동사 '하다'의 두 가지 보어, 《관악어문연구》 27, 149-186.

김창섭(2008), 광복 이후 국어 형태론의 성과와 전망, 《한국어 형태론 연구》, 태 학사, 15-44.

김 현(2013), 어휘부와 국어음운론, 《국어학》 66, 335-360.

김흥규(1999), 국어생활의 한자사용 빈도 연구, 《새국어생활》 9-1, 국립국어원, 17~48.

나은미(2006), 어휘부의 존재 방식과 단어 형성-연결주의(connectionism) 관점에 서, 《한국어 의미학》 20, 325-345.

나은미(2009), 《(연결주의 관점에서 본) 어휘부와 단어형성》, 박이정.

남기심(1993), 국어의 공시적 기술과 형태소의 분석, 《형태》, 태학사, 45-57.

남기심(2005), 직관과 논리, 《한자교육과 한자정책에 대한 연구》, 역락, 105-120.

남윤진(1999), 국어사전 표제어의 한자 빈도, 《새국어생활》 9-1, 국립국어원, 49~67.

노명희(1990), 한자어의 어휘형태론적 특성에 관한 연구, 《국어연구》 95.

노명희(1997), 한자어 형태론, 《국어학》 29, 309-339.

노명희(1998), 현대국어 한자어의 단어구조 연구, 서울대학교 박사학위논문.

노명희(2003ㄱ), 구에 결합하는 접미한자어의 의미와 기능, 《한국어의미학》 13,

69-95.

노명희(2003ㄴ), 어근류 한자어의 문법적 특성, 《어문연구》 31-2, 73-96.

노명희(2004), 어기의 범주를 바꾸는 접두한자어, 《한국언어문학》 53, 123-151.

노명희(2005), 《현대국어 한자어 연구》, 태학사.

노명희(2006ㄱ), 국어 한자어와 고유어의 동의중복 현상, 《국어학》 48, 259-288.

노명희(2006ㄴ), 한자어 문법 단위와 한자어 교육, 《국어국문학》 142, 465-489.

노명희(2007), 한자어의 어휘범주와 내적 구조, 《진단학보》 103, 167-191.

노명희(2008ㄱ), 한자어의 구성 성분과 의미 투명도, 《국어학》 51, 89-114.

노명희(2008ㄴ), 한자어의 의미 범주와 한자 형태소의 배열 순서, 《한국문화》 44, 217-237.

노명희(2009ㄱ), 국어 동의중복 현상, 《국어학》 54, 275-302.

노명희(2009ㄴ), 어근 개념의 재검토, 《어문연구》 37-1, 한국어문교육연구회, 59-84.

노명희(2009ㄷ), 한자어 형태론 연구의 몇 문제-고재설(2007)과 관련하여, 《형태론》 11-1, 119-133.

문병열(2014), 어휘부 등재소와 복합 구성, 《국어학》 69, 135-166.

박권생(2003), 단어 의미 파악과 음운부호: 한글 단어 범주판단 과제에서 수집된 증거, 《한국심리학회지: 실험》 15-1, 한국심리학회, 19-37.

박영섭(1987), 국어 한자어의 기원적 계보 연구: 현용 한자어를 중심으로, 성균관대학교 박사학위논문.

박영섭(1997), 국어 한자어에 대한 소고, 《국어학》 29, 341-358.

박진호(1994), 통사적 결합 관계와 논항구조, 《국어연구》 123.

박진호(1999), 형태론의 제자리 찾기, 《형태론》 1-2, 319-340.

박철우(2013), 어휘부와 의미론, 《국어학》 66, 445-485.

배선미·시정곤(2004), 한국어 전문용어 조어분석에 대한 통계적 연구-물리, 화학, 생물, 의학 용어를 중심으로, 《한국어학》 25, 191-219.

배성봉·이광오(2007), 한자합성어의 인지에서 단어 빈도와 글자 빈도의 효과, 2007 한국심리학회 연차학술대회 논문집, 488-489.

배주채(1996), 《국어음운론 개설》, 신구문화사.

배주채(2003), 《한국어의 발음》, 삼경문화사.

백여정(2004), 실독증 환자들의 한자어와 고유어 소리내어 읽기 비교, 연세대학교 석사학위논문.

백여정·박은숙·신지철·김향희(2006), 실독증 환자들의 한자어와 고유어 소리 내어 읽기 비교, 《언어청각장애연구》 12-1, 95-107.

서태룡(1992), 국어 청자존대법의 형태소, 《한국어문학연구》 27, 한국어문학연구 학회, 21-42.

성광수(1993), 한국어 Lexicon 연구; 어휘부의 형태/통사론적 접근, 《어문논집》 32, 민족어문학회, 127-153.

성환갑(1983), 고유어의 한자어 대체에 관한 연구, 중앙대학교 박사학위논문.

손애경(1991), 전자출판에 있어서의 바람직한 한글코드 설정에 관한 기초적 제언-초,중,고등학교 국어교과서의 음절출현분석을 중심으로, 동국대학 교 석사학위논문.

송 민(1990), 어휘 변화의 양상과 그 배경, 《국어생활》 22, 국어연구소, 42-57.

송 민(1998), 개화기 신생한자어휘의 계보, 《어문학논총》 17, 국민대학교 어문 학연구소, 21-38.

송기중(1992), 현대국어 한자어의 구조, 《한국어문》 1, 한국정신문화연구원, 1-85.

송기중(1993), 현대국어 한자어 형태론, 《형태》, 태학사, 367-440.

송기중(1998), 어휘 생성의 특수한 유형, '한자차용어', 심재기(편)(1998), 《국어 어휘의 기반과 역사》, 태학사, 593-615.

송원용(1998), 활용형의 단어 형성 참여 방식에 대한 연구, 《국어연구》 153.

송원용(2000), 현대국어 임시어의 형태론, 《형태론》 2-1, 1-16.

송원용(2002ㄱ), 인지형태론의 과제와 전망, 《한국어학》 16, 65-87.

송원용(2002ㄴ), 형태론과 공시태·통시태, 《국어국문학》 131, 169-194.

송원용(2005ㄱ), 다중 어휘부 구조 가설의 실험심리학적 검증-생산적 접사 '-개, -질, -적'을 중심으로, 《형태론》 7-2, 257-275.

송원용(2005ㄴ), 신어의 어휘부 등재 시점 연구-어휘 지식 유무 검사를 통한 검증, 《국어학》 46, 97-123.

송원용(2005ㄷ), 《국어 어휘부와 단어 형성》, 태학사.

송원용(2007ㄱ), 국어의 단어형성체계 재론, 《진단학보》 104, 105-126.

송원용(2007ㄴ), 형태론 연구의 대상과 술어의 이론적 정합성, 《형태론》 9-2, 293-310.

송원용(2009), 국어 선어말어미의 심리적 실재성 검증, 《어문학》 104, 한국어문학회, 83-102.

송원용(2010), 형태론 연구의 쟁점과 전망-유추론자와 규칙론자의 논쟁을 중심으로, 《한국어학》 48, 1-44.

송철의(1977), 파생어형성과 음운현상, 《국어연구》 38.

송철의(1992), 《국어의 파생어형성 연구》, 태학사.

송철의(2000), 형태론과 음운론, 《국어학》 35, 287-311.

송철의(2001), 파생어, 《새국어생활》 11-2, 137-145.

송철의(2006), 국어형태론연구의 문제점, 《배달말》 39, 117-141.

시정곤(1990), 국어의 단어형성에 대한 관견, 《한국어학신연구》, 한신문화사.

시정곤(1994), 'X하다'와 'X를 하다'의 상관성, 《국어학》 24, 231-258.

시정곤(1998ㄱ), 《국어의 단어형성 원리》, 수정판; 한국문화사.

시정곤(1998ㄴ), 국어학과 인지과학, 《어문논집》 37, 민족어문학회, 359-383.

시정곤(1999), 규칙은 과연 필요 없는가?, 《형태론》 1-2, 261-283.

시정곤(2001), 국어의 어휘부 사전에 대한 연구, 《언어연구》 17-1, 한국언어교육학회, 163-184.

시정곤(2004), 등재소 설정 기준에 대한 연구, 《한국어학》 22, 185-214.

시정곤(2006), 《현대국어 형태론의 탐구》, 월인.

신승용(2002), 한국어의 음절구조, 《시학과 언어학》 4, 시학과 언어학회, 294-329.

신승용(2007), 음운론과 형태론의 접면; 사전(lexicon)과 복수기저형 및 활용형, 《한국어학》 37, 75-104.

신중진(2002), 단음절 자립 한자어에 대하여, 《한국문화》 29, 21-42.

신중진(2005), 개화기 신문·잡지에 쓰인 명사 파생 접사와 파생어, 《한민족어문학》 46, 한민족어문학회, 43-74.

신창순(1969), 한자어 소고, 《국어국문학》 42·43/국어국문학회(1994) 《국어국문학 국어학편》 6, 269-288에 재수록.

심재기(1982), 《국어어휘론》, 집문당.

심재기(1987), 한자어의 구조와 그 조어력, 《국어생활》 8, 국어연구소, 25-39.

심재기(1989), 한자어 수용에 관한 통시적 고찰, 《국어학》 18, 89-109.

심지연(2006), 국어 순화어의 생성과 정착에 대하여, 《한국어학》 30, 159-180.

안상철(1985), The interplay of phonology and morphology in Korean, 한신문
　　　　화사.

안소진(2004), 한자어 접두사에 대한 연구, 《국어연구》 176.

안소진(2005), 한자어의 경음화에 대한 재론, 《국어학》 45, 69-93.

안소진(2009ㄱ), 국어 한자어에 쓰이는 단음절 형태의 특징에 대하여, 2009년도
　　　　어문연구학회 전국학술대회 발표자료집, 어문연구학회; 충남대학
　　　　교 인문과학연구소, 41-53.

안소진(2009ㄴ), 한자어 구성 음절의 특징에 대하여-고빈도 2음절 한자어를 대상
　　　　으로, 《형태론》 11-1, 43-59.

안소진(2010), 국어 화자의 2음절 한자어 구성요소 파악에 대한 고찰-'직·간접류'
　　　　의 형성과 관련하여, 《형태론》 12-2, 201-216.

안소진(2011), 심리어휘부에 기반한 한자어 연구, 서울대학교 박사학위논문.

안소진(2012), 어휘부 등재 논의의 경향과 쟁점, 《형태론》 14-1, 1-23.

안소진(2014), 한자어 형태론의 제 문제와 어휘부, 《한국어학》 62, 371-392.

안효경(1994), 현대국어 접두사 연구, 《국어연구》 117.

안희제(2002), 현대국어 단음절 한자어에 대한 연구, 서울대학교 석사학위논문.

양정호(2008), 단어 형성 과정의 몇 문제-구본관(1998)을 중심으로, 《형태론》
　　　　10-2, 421-435.

양정호(2010), 『형태론』 11권 1호의 기고에 대한 논평(2), 《형태론》 12-1, 139-145.

연세대학교 언어정보개발연구원(편)(2001), 《연세한국어사전》, 두산동아.

오규환(2013), 단어 형성 과정으로서의 어휘화, 《국어학》 68, 323-366.

오정란(2007), 어휘부의 내부범주화와 음운론, 《한국어학》 36, 23-72.

윤소정·고성룡(2010), 우리글 읽기에서 본 단어 습득연령 효과: 안구운동 추적
　　　　연구, 《한국심리학회지: 인지 및 생물》 22-2, 129-142.

윤평현(2008), 《국어의미론》, 역락.

이강훈(1976), 국어의 복합어 및 한자어 내부에서 일어나는 경음화 현상, 《서울여
　　　　자대학 논문집》 5, 161-196.

이광오(1999ㄱ), 한글 단어인지과정에서 형태소 처리과정, 실험 및 인지심리학회 연차대회 논문집, 35-42.

이광오(1999ㄴ), 한자 합성어의 표상과 처리, 한국인지과학회 춘계 학술대회논문집, 73-79.

이광오(2003ㄱ), 단어인지 수행은 어종에 따라 다를까?, 《한국심리학회지: 실험》 15-4, 479-498.

이광오(2003ㄴ), 형태소 처리 과정, 《언어심리학》, 학지사, 101-127.

이광오·이인선(1999), 한글단어의 인지과정에서 형태소 정보처리, 《한국심리학회지: 실험 및 인지》 11-1, 77-91.

이광오·정진갑·배성봉(2007), 표기 체계와 시각적 단어 인지: 한자어의 인지에서 형태소의 표상과 처리, 《한국심리학회지: 실험》 19-4, 313-327.

이광호(2005), 연결망과 단어형성, 《국어학》 46, 125-146.

이광호(2009ㄱ), 코퍼스를 활용한 반의어의 총체적 목록 확보 방법에 대한 연구, 《국어학》 56, 281-307.

이광호(2009ㄴ), 한국어 연상어 사전 구축을 위한 시험적 연구-코퍼스 안의 인접 단어를 이용한 계량적 접근, 《한국문화》 45, 177-206.

이광호(2009ㄷ), 《국어 파생 접사의 생산성과 저지에 대한 계량적 연구》, 태학사.

이기문(1965), 근세 중국어 차용어에 대하여, 《아세아연구》 18-2, 195-204.

이기문(1978), 어휘 차용에 대한 일고찰, 《언어》 3-1, 한국언어학회.

이동훈·이홍재·이은정·문찬홍·유재욱·나동규·남기춘(2000), 기능적 자기 공명영상에 나타난 한글과 한자 단어 재인의 차이, 한국심리학회 연차학술발표대회 논문집, 150-151.

이병근(1979), 주시경(周時經)의 언어이론과 '늣씨', 《국어학》 8, 29-49.

이병근·채완·김창섭 편(1993), 《형태》, 태학사.

이봉원(2002), 현대국어 음성·음운 현상에 대한 사용 기반적 연구, 고려대학교 박사학위논문.

이봉원(2003), 어휘부 명시의 음운론적 특성, 《한국어학》 18, 409-432.

이봉원(2007), 음성학에 기반을 둔 국어 음운론 연구의 현황과 전망, 《한국어학》 37, 105-125.

이상욱(2004), '-음', '-기' 명사형의 단어화에 대한 연구, 《국어연구》 173.

이상욱(2007), 임시어의 위상 정립을 위한 소고, 《형태론》 9-1, 47-67.

이선웅(2000), 국어의 한자어 '관형명사'에 대하여, 《한국문화》 26, 서울대학교 한국문화연구소, 35-57.

이영희(2010), 효율적인 한자어 교육을 위한 등급별 한자어 목록의 한자 빈도 연구, 《어문연구》 38-2, 한국어문교육연구회, 471-495.

이용주(1974), 한국 한자어에 관한 연구: 어휘론적 기능을 중심으로, 서울대학교 박사학위논문.

이은섭(2014), 단어와 문장의 형성 요소와 어휘부 모형에 대하여, 《국어학》 69, 31-67.

이익섭(1968), 한자어 조어법의 유형, 《이숭녕박사 송수기념논총》, 을유문화사, 475-483.

이익섭(1969), 한자어의 비일음절 단일어에 대하여, 《김재원박사 회갑기념논총》, 을유문화사, 837-844.

이익섭(1975/1993), 국어 조어론의 몇 문제, 《형태》, 태학사, 25-43.

이익섭·채완(1999), 《국어문법론강의》, 학연사.

이재인(2001), 국어 형태론에서 '어근' 개념, 《배달말》 28, 배달말학회, 93-112.

이정모(1997), 언어심리학의 형성사 II, 《인지심리학의 제문제 II》, 학지사, 49-75.

이정모·이재호(편), 《인지심리학의 제문제 II》, 학지사.

이주희(2003), 외래어 입력부에 관한 연구-최적성 이론(Optimality Theory)의 어기의 풍부성(Richness of the Base)을 중심으로, 《돈암어문학》 16, 돈암어문학회, 199-223.

이주희(2005), 최적성 이론과 음운론적 어휘부 연구, 《돈암어문학》 18, 돈암어문학회, 383-413.

이지연·곽금주(2008), 영아기 어휘 종류와 아동초기 지적 능력 간의 관계, 《한국심리학회지: 발달》 21-1, 1-14.

이진호(2006), 음운 규칙의 공시성을 바라보는 시각, 《국어학》 47, 39-63.

이찬규(2001), 단어 연상에 관한 조사 연구 (Ⅰ), 《어문연구》 114, 한국어문교육연구회, 5-33.

이찬규(2002), 단어 연상에 관한 조사 연구 (Ⅱ), 《한국어 의미학》 11, 한국어의

미학회, 49-78.

이창호(2004), 말실수와 탐색 이론, 《한국어학》 24, 251-287.

이현희(2006), 국어 접사 범주에 대한 연구-접사와 인접 범주 간의 관계를 중심으로, 고려대학교 박사학위논문.

이호승(2001), 단어형성과정의 공시성과 통시성, 《형태론》 3-1, 113-119.

이호승(2003), 통사적 어근의 성격과 범위, 《국어교육》 112, 373-397.

이호승(2004), 단어형성법의 분류기준에 대하여, 《어문학》 85, 85-110.

이홍재·김동휘·김수정·오현금·조혜숙·남기춘(2001), 실어증 환자 유형에 따른 한글 문장 이해과정의 특성, 《언어치료연구》 10-1, 한국언어치료학회, 137-162.

이희승(1955), 《국어학개설》, 민중서관.

임지룡(1985ㄱ), 극대칭 그림씨의 의미 기능, 《국어학논총(백민전재호박사화갑기념)》, 형설출판사.

임지룡(1985ㄴ), 어휘체계의 빈자리에 대하여, 《국어학논총(소당천시권박사화갑기념)》, 형설출판사.

임지룡(1993ㄱ), 원형이론과 의미의 범주화, 《국어학》 23, 41-68.

임지룡(1993ㄴ), 의미범주의 원형탐색에 관한 연구, 《국어교육연구》 25, 115-151.

임지룡(1999), 《인지의미론》, 탑출판사.

임홍빈(1979), 용언의 어근분리 현상에 대하여, 《언어》 4-2, 한국언어학회, 55-76.

임홍빈(1981), 사이시옷 문제의 해결을 위하여, 《국어학》 10, 1-35.

임홍빈(1982), 기술보다는 설명을 중시하는 형태론의 기능정립을 위하여, 《한국학보》 26, 168-192.

임홍빈(2001/2005), 국어 품사 분류의 몇 가지 문제에 대하여, 《우리말에 대한 성찰 1》, 태학사, 383-439.

장삼식 편(1993), 《한한대사전(漢韓大辭典)》, 학원출판공사.

장유경(2004ㄱ), 한국 영아의 초기 어휘발달: 8개월-17개월, 《한국심리학회지: 일반》 23-1, 77-99.

장유경(2004ㄴ), 한국 영아의 초기 어휘발달: 18개월-36개월, 《한국심리학회지: 발달》 17-4, 91-105.

장윤희(2010), 《國語學》 50년-형태 연구의 성과와 전망, 《국어학》 57, 335-372.

전상범(1995), 《형태론》, 한신문화사.

전지은·최재웅(2008), 한국어 형용사 유형 분류와 격틀집합: 세종전자사전을 활용하여, 《한국어 의미학》 25, 223-251.

전철웅(1979), 경음화 문제 해석의 한 제안, 《국어교육》 35, 한국 국어교육 연구회, 143-154.

정원수(1992), 《국어의 단어형성론》, 한신문화사.

정재범·임희석·남기춘(2003), 한국어 복합명사의 형태소 표상 양식, 《언어치료연구》 12-1, 한국언어치료학회, 177-195.

정진갑·이광로(2004), 한글단어의 인지과정에서 형태소의 표상과 처리, 한국실험심리학회 겨울학술대회 발표논문집, 89-96.

정한데로(2008), 국어 복합어의 등재와 어휘화 연구, 서강대학교 석사학위논문.

정한데로(2010ㄱ), 문법 차원의 등재에 대한 연구, 《형태론》 12-1, 1-22.

정한데로(2010ㄴ), 복합어 분석에 의한 단어의 변화, 《어문연구》 38-3, 한국어문교육연구회, 103-128.

정한데로(2013), 명명 과제(naming task)를 기반으로 한 임시어의 형태론, 《국어학》 68, 367-404.

정한데로(2014), 국어 등재소의 형성과 변화 연구, 서강대학교 박사학위논문.

정희정(2000), 《한국어 명사 연구》, 한국문화사.

조명한 외(2003), 《언어심리학》, 학지사.

조명한(1982), 《한국 아동의 언어획득 연구: 책략모형》, 서울대학교 출판부.

조현숙(1989), 부정접두어 '無, 不, 未, 非'의 성격과 용법, 《관악어문연구》 14, 231-252.

조혜숙·남기춘(2002), 실어증 환자에서 보이는 단어규칙성 효과, 《언어청각장애연구》 7-3, 한국언어청각임상학회, 77-94.

주시경(1914), 말의소리/김민수·하동호·고영근(편), 《역대한국문법대계》에 수록.

진남택(1992), 한국어 음소의 기능부담량과 음소연쇄에 관한 계량 언어학적 연구, 서울대학교 석사학위논문.

채현식(1994), 국어 어휘부의 등재소에 관한 연구, 《국어연구》 120.

채현식(1999), 조어론의 규칙과 표시, 《형태론》 1-1, 25-42.

채현식(2000), 유추에 의한 복합명사 형성 연구, 서울대학교 박사학위논문.

채현식(2001), 한자어 연결 구성에 대하여, 《형태론》 3-2, 241-263.

채현식(2003ㄱ), 《유추에 의한 복합명사 형성 연구》, 태학사.

채현식(2003ㄴ), 대치(代置)에 의한 단어형성, 《형태론》 5-1, 1-21.

채현식(2005), 규칙과 유추의 틀, 《이병근선생퇴임기념 국어학논총》, 태학사, 567-583.

채현식(2007), 어휘부의 자기조직화, 《한국언어문학》 63, 137-155.

채현식(2009), 용례 기반 이론에서의 어휘 지식 표상, 《형태론》 11-2, 269-286.

채현식(2013), 어휘부란 무엇인가, 《국어학》 66, 307-333.

최경봉(1996), 명사의 의미 분류에 대하여, 《한국어학》 4, 11-45.

최경봉(1998), 《국어 명사의 의미 연구》, 태학사.

최경봉(2003), 국어 명사 연구의 방향 검토-정희정(2000) 다시 읽기, 《형태론》 5-1, 173-189.

최기용(2002), 이익섭(1975/1991)의 '어근' 개념에 대하여, 《인문사회과학논문집》 31, 광운대학교 인문사회과학연구소, 84-98.

최명옥(1985ㄱ), 변칙동사의 음운현상에 대하여: p-, s-, t- 변칙동사를 중심으로, 《국어학》 14, 149-188.

최명옥(1985ㄴ), 서북방언의 문서술어에 대한 형태론적 연구-19세기 후기 평북 의주지역어를 중심으로, 《방언》 8, 57-97.

최명옥(2008), 《현대 한국어의 공시 형태론-경주지역어를 실례(實例)로》, 서울대학교 출판부.

최숙희(2009), 《심리통계학의 이해》, 시그마프레스.

최은희(2000), 한국 아동의 어휘 발달 연구: 13-30개월 아동을 대상으로, 연세대학교 석사학위논문.

최현배(1937/1961), 《우리말본》, 세 번째 고침; 정음문화사.

최형용(1997), 형식명사·보조사·접미사의 상관관계, 《국어연구》 148.

최형용(2002), 어근과 어기에 대하여, 《형태론》 4-2, 301-318.

최형용(2003), 《국어 단어의 형태와 통사》, 태학사.

최형용(2006), 다시 '지붕'의 '-웅'에 대하여, 《형태론》 8-1, 49-63.

최형용(2011), 형태론과 어휘·어휘적 단어, 어휘부, 어휘 관계를 중심으로, 《관악
　　　어문연구》 36, 6-48.

최형용(2013), 어휘부와 형태론, 《국어학》 66, 361-413.

최호철(1993), 한국어 Lexicon 연구; 어휘부의 의미론적 접근, 《어문논집》 32,
　　　185-217.

최호철(2000), 국어의 형태론과 어휘론, 《국어학》 35, 313-365.

한영균(2008), 현대 국한 혼용 문체의 정착과 어휘의 변화 - '단음절 한자+하(ᄒ)-'
　　　형 용언의 경우, 《국어학》 51, 229-256.

한영희(1985), 고고학 용어의 말바꾸기 작업, 《배달말》 10, 3-18.

홍재성(1990), 어휘부 구성의 기본 문제, 《어학연구》 26-1, 서울대학교 어학연구
　　　소, 247-252.

홍재성·이성헌(2007), 세종 전자사전: 전산어휘부로서의 특성과 의의, 제19회 한
　　　글 및 한국어 정보처리 학술대회 자료집, 한국정보과학회 언어공
　　　학연구회, 323-331.

황유미·김동휘·남기춘(2003), 한국어 기능범주의 대뇌 표상, 《언어치료연구》
　　　12-1, 한국언어치료학회, 197-216.

황유미·유기순·강홍모·남기춘(2004), 한국어 선어말어미·사피동파생접사·
　　　명사파생접사의 심리적 표상 특성, 한국 실험심리학회 겨울학술대
　　　회 발표논문집, 97-102.

황화상(2001), 《국어 형태 단위의 의미와 단어형성》, 월인.

황화상(2010), 단어형성 기제로서의 규칙에 대하여, 《국어학》 58, 61-91.

Aitchison, J.(2003), *Words in the mind: an introduction to the mental lexicon*
　　　(3rd Ed.), Oxford: Blackwell.

Aitchison, J.(1987)/임지룡·윤희수(역)(1993), 심리언어학(*Words in the Mind*),
　　　경북대학교 출판부.

Aronoff & Fudeman(2005), *What is Morphology?*, Blackwell publishers.

Aronoff, M.(1976), *Word formation in Generative Grammar*, Cambridge: MIT
　　　Press.

Baxtera, D. M. & Warrington, E.(1985), Category specific phonological
　　　dysgraphia, *Neuropsychologia 23*, 653-666.

Bjorklund, D. E. & Thompson, B. E.(1983), Category typicality effects in children's memory performance: Qualitative and quantitative differences in the processing of category information, *Journal of Experimental Child Psychology 35*, 329-344.

Breedin, S. D., Saffran, E. M. & Coslett, H. B.(1994), Reversal of the concreteness effect in a patient with semantic dementia, *Cognitive Neuropsychology 11*, 617-660.

Bybee, J. L. & Hopper, P.(Eds.)(2001), *Frequency and the emergence of linguistic structure*, John Benjamins Publishing Company.

Bybee, J. L. & Moder, C. L.(1983), Morphological classes as natural categories, *Language 59*, 251-270. [Reprinted in J. L. Bybee(2007) as chapter 6]

Bybee, J. L. & Slobin, D. L.(1982), Rules and schemas in the development and use of the English past tense, *Language 58*, 265-289. [Reprinted in J. L. Bybee(2007) as chapter 5]

Bybee, J. L.(1985)/이성하 · 구현정(역)(2000), 형태론 - 의미-형태의 관계에 대한 연구(*Morphology: A Study of the Relation between Meaning and Form*), 한국문화사.

Bybee, J. L.(1988), Morphology as lexical organization, in M. Hammond & M. Noonan(Eds.), *Theoretical Morphology: approaches in modern linguistics*, San Diego: Academic Press, 119-141.

Bybee, J. L.(1995a), Diachronic and typological properties of Morphology and their Implications for representation, in L. Feldman(Eds.), *Morphological Aspects of Language Processing*, Hillsdale, NJ: Erlbaum, 225-246.

Bybee, J. L.(1995b), Regular morphology and the lexicon, *Language and Cognitive Process 10.5*, 425-455. [Reprinted in J. L. Bybee(2007) as chapter 8]

Bybee, J. L.(1996), Productivity, regularity and fusion: how language use affects the lexicon, in R. Singh & R. Desrochers(Eds.),

Trubetzkoy's Orphan, Amsterdam: John Benjamins Publishing Company, 247-269.

Bybee, J. L.(2006), Language change and universals, in R. Mairal & J. Gil(Eds.), _Linguistic Universals_, Cambridge: Cambridge University Press.

Bybee, J. L.(2007), _Frequency of Use and the Organization of Language_, Oxford University Press.

Caramazza, A., Laudanna, A. & Romani, C.(1988), Lexical access and inflectional morphology, _Cognition 28_, 297-332.

Caselli, M. C., Casadio, P. & Bates, E.(2001), Lexical development in English and Italian, in M. Tomasello & E. Bates(Eds.), _Language development: The essential readings_, Oxford: Blackwell publishers, 76-110.

Chialant, D. & Caramazza, A.(1995), Where is morphology and How is it Processed? The Case of Written Word Recognition, in L. Feldman(Eds.), _Morphological Aspects of Language Processing_, Hillsdale, NJ: Erlbaum, 55-76.

Cho, Jeung-Ryeul & Chen, Hsuan-Chih(1999), Orthographic and Phonological Activation in the Semantic Processing of Korean Hanja and Hangul, _Language and Cognitive Processes 14(5/6)_, 481-502.

Chomsky, N.(1965), _Aspects of the Theory of Syntax_, Cambridge: MIT Press.

Chomsky, N.(1980), _Rules and Representation_, New York: Columbia University Press.

Chomsky, N.(1986)/이선우(역)(1990), 언어에 대한 지식(_Knowledge of Language: It's Nature, Origin and Use_), 민음사.

Derwing, B. L.(1990), Morphology and mental lexicon: psychological evidence, in W. U. Dressler et. al.(Eds.), _Contemporary Morphology_, 249-265.

Di Sciullo, A. M. & Williams, E.(1987), _On the Definition of Word_, Cambridge: MIT Press.

Doctor, E. A. & Coltheart, M.(1980), Children's use of phonological encoding when reading for meaning, *Memory and Cognition 8*, 195-209.

Feldman, L. B. & Fowler, C. A.(1987), The inflection noun system in Serbo-Croatian: Lexical representation of morphological structure, *Memory and cognition 15*, 1-12.

Halle, M.(1973), Prolegomena to a theory of word formation, *Linguistic Inquiry 4-1*, 3-16.

Handke, J.(1995), *The Structure of the Lexicon: Human versus Machine*, Berlin; New York: Mouton de Gruyter.

Harley, T. A.(2001), *The psychology of language: From data to theory* (2nd Ed.), Hove: Psychology Press.

Hay, J.(2001), Lexical frequency in morphology: is everything relative?, *Linguistics 39-6*, 1041 - 1070.

Hockett, C. F.(1958), *A Course in Modern Linguistics*, New York: Macmillan.

Hopper, P. & Traugott, E.(1993), *Grammaticalization*, Cambridge: Cambridge University Press.

Jackendoff, R.(2002)/김종복·박정운·이예식(역)(2005), 언어의 본질: 통사·의미·인지 구조를 중심으로(*Foundations of language: brain, meaning, grammar, evolution*), 박이정.

Kim, Hyanghee & Na, Duk L.(2000), Dissociation of pure Korean words and chinese-derivative words in phonological dysgraphia, *Brain and Language 74*, 134-137.

Kiparsky, P.(1982), Lexical Morphology and Phonology, in The Linguistic Society of Korea(Ed.), *Linguistics in the Morning Calm: Selected Papers from SICOL-1981*, Seoul: Hanshin, 3-91.

Kövecses, Z.(2006)/임지룡·김동환(역)(2010), 언어·마음·문화의 인지언어학적 탐색(*Language, Mind, and Culture: A Practical Introduction*), 역락.

Kraska-Szlenk, Iwona(2007), *Analogy: The Relation between Lexicon and Grammar*, LINCOM EUROPA.

Lakoff, G.(1987), *Women, Fire, and Dangerous Things: What Categories*

Reveal about the Mind, Chicago: University of Chicago Press.

Lakoff, G.(1987)/이기우(역)(1994), 인지 의미론-언어에서 본 인간의 마음 (Women, Fire, and Dangerous Things: What Categories Reveal about the Mind), 한국문화사.

Langacker, R. W.(1987)/김종도(역)(1999), 인지문법의 토대(Foundations of cognitive grammar), 박이정.

Langacker, R. W.(2000)/김종도 · 나익주(역)(2003), 문법과 개념화(Grammar and conceptualization), 박이정.

Langacker, R. W.(2002)/나익주(역)(2005), 개념 · 영상 · 상징-문법의 인지적 토대 (Image, Concept, and Symbol: The Cognitive Basis of Grammar, 2nd Ed.), 박이정.

Leech, G. N.(1974), Semantics, London: Penguin Books.

Manelis, L. & Tharp, D. A.(1977), The Processing of affixed words, Memory & Cognition 5, 690-695.

Marslen-Wilson, W. & Tyler, L. K.(1980), The temporal structure of spoken language understanding, cognitive 8, 1-71.

Marslen-Wilson, W., Tyler, L. K., Waksler, R. & Older, L.(1994), Morphology and Meaning in the English Mental Lexicon, Psychological Review 101-1, 3-33.

Martin, A., Wiggs, C. L., Ungerleider, L. G. & Haxby, J. V.(1996), Neural correlates of category-specific knowledge, Nature 379, 649-652.

Meyer, D. E. & Schvaneveldt, R. W.(1976), Meaning, memory structure, and mental processes, Science 192, 27-33.

Miller, J.(1996)/강범모 · 김성도(역)(1998), 언어의 과학(The Science of Words), 민음사.

Neef, M. & Vater, H.(2006), Concepts of the lexicon in theoretical linguistics, in D. Wunderlich(Eds.), Advanced in the theory of the lexicon, Berlin: Walter De Gruyter Inc, 27-56.

Onysko, A. & Michel, S.(Eds.)(2010), Cognitive Perspectives on Word Formation, Berlin; New York: Mouton de Gruyter.

Packard, J. L.(2000), *The Morphology of Chinese*, Cambridge: Cambridge University Press.

Pinker, S. & Prince, A.(1988), On language and connectionism: Analysis of a parallel distributed processing model of language acquisition, *Cognition 28*, 73 - 193.

Pinker, S.(1989a), *Connections and symbols*, Cambridge, Mass.: MIT Press.

Pinker, S.(1989b), Language acquisition, in M. I. Posner(Eds.), *Foundations of cognitive science*, Cambridge, MA: MIT Press, 359 - 399.

Pinker, S.(1991), Rules of language, *Science 253*, 530 - 535.

Pollock, J.(1989), Verb movement, universal grammar and the structure of IP, *Linguistic Inquiary 20*, 365-424.

Rips, L. J., Shoben, E. J. & Smith, E. E.(1973), Semantic distance and the verification of semantic relations, *Journal of Verbal Learning and verbal Behavior 12*, 1-20.

Rosch, E.(1975), Cognitive representations of semantic categories, *Journal of Experimental Psychology: General 104*, 192-233.

Rumelhart, D. E. & McClelland, J.(1986), On learning the past tenses of English verbs, in J. McClelland, & D. Rumelhart(Eds.), *Parallel distributed processing explorations in the microstructure of cognition*, Cambridge, MA: MIT Press, 216 - 271.

Schank, Roger C.(1999)/신현정(역)(2002), 역동적 기억: 학습과 교육에 주는 함의(*Dynamic Memory*), 시그마프레스.

Seidenberg, M. S.(1993), Connectionist Models and Cognitive Theory, *Psychological Science 4(4)*, 228-235.

Singleton, D.(2000)/배주채(역)(2008), 언어의 중심, 어휘(*Language and the Lexicon*), 삼경문화사.

Skousen, R.(1989), *Analogical Modeling of Language*, Dordrecht: Kluwer Academic Publishers.

Skousen, R.(1992), *Analogy and Structure*, Dordrecht: Kluwer Academic Publishers.

Smith, E. E. & Medin, D. L.(1981), *Categories and concepts*, Cambridge, MA: Harvard University Press.

SONG, Ki-Joong(1991), Duality in Korean Morphology, *Seoul Journal of Korean Studies 4*, 서울대학교 규장각 한국학연구원, 3-12.

Spencer, A.(1991)/전상범·김영석·김진형(역)(1999), 형태론(*Morphological Theory*), 한신문화사.

Stanners, R. F., Neiser, J. J., Hernon, W. P. & Hall, R.(1979), Memory representations for morphologically related words, *Journal of Verbal Learning and Verbal Behavior 18*, 399‑412.

Strain, E., Patterson, K. & Seidenberg, M. S.(1995), Semantic effects in single-word naming, *Journal of Experimental Psychology: Learning, Memory, and Cognition 21(5)*, 1140-1154.

Taft, M. & Forster, K. I.(1975), Lexical storage and retrieval of prefixed words, *Journal of Verbal Learning and Verbal Behavior 14*, 638-647.

Taft, M. & Zhu, X.(1995), The representation of bound morphemes in the lexicon: A Chinese study, in L. Feldman(Eds.), *Morphological Aspects of Language Processing*, Hillsdale, NJ: Erlbaum, 293-316.

Taft, M.(1979), Recognition of affixed words and the word frequency effect, *Memory and Cognition 7*, 263-272.

Taylor, J. R.(1989), *Linguistic Categorization: Prototypes in Linguistic Theory*, Oxford: Clarendon Press.

Taylor, J. R.(1995)/조명원·나익주(역)(1997), 인지언어학이란 무엇인가?: 언어학과 원형이론(*Linguistic Categorization: Prototypes in Linguistic Theory*), 한국문화사.

Taylor, J. R.(2002)/임지룡·김동환(역)(2005), 인지문법(*Cognitive Grammar*), 한국문화사.

Van Valin, Jr. R. D. & LaPolla, R. J.(1997), *Syntax: Structure, meaning & function*, Cambridge: Cambridge University Press.

Werner, H. & Kaplan, E.(1950), Development of word meaning through verbal context: An experimental study, *Journal of Psychology* *29*, 251-257.

Wheeler, C. J. & Schumsky, D. A.(1980), The morpheme boundaries of some English derivational suffixes, *Glossa 13*, 3-34.

Y. Tsuji(편)/임지룡 외(역)(2004), 인지언어학 키워드 사전(認知言語學キ-ワ-ド事典), 한국문화사.

Zhou, X. & Marslen-Wilson, W.(1994), Words, morphemes and syllables in the Chinese mental lexicon, *Language and Cognitive Processes 9*, 393-422.

Zhou, X., Marslen-Wilson, W., Taft, M. & Shu, H.(1999), Morphology, orthography, and phonology in reading Chinese compound words, *Language and Cognitive Processes 14*, 525-565.

부록

◎ [표 1] 3장 실험 통계량 (반응시간 5%-절사평균 오름차순으로 제시)

순위	한/고	제시어	정답률 (%)	반응시간(ms)				
				최소값	최대값	평균	표준편차	5%절사평균
1	한	집권	98.46	460	2324	788.78	268.97	759.29
2	한	민족주의	100.00	510	3505	821.95	390.62	771.39
3	한	입법	98.46	520	3254	861.26	411.63	796.06
4	한	특파원	100.00	481	3816	931.66	605.76	825.40
5	한	현행	96.92	450	6350	943.88	773.47	830.64
6	한	협조	98.46	490	4887	964.09	701.42	847.83
7	한	적성	96.92	421	3596	956.48	624.50	861.79
8	한	필연적	100.00	571	2333	913.95	372.92	867.63
9	한	소송	100.00	521	3795	967.15	591.51	878.70
10	고	뺨	96.92	551	4126	1012.86	674.06	905.80
11	고	콩	98.46	521	7581	1092.63	1030.61	913.14
12	한	관습	96.92	501	5157	1074.49	835.41	935.22
13	한	창업	100.00	501	4216	1041.17	706.14	937.98
14	고	글씨	98.46	551	5007	1042.49	630.83	949.23
15	한	본성	98.46	461	6850	1151.97	1132.94	950.76
16	한	역량	100.00	551	4056	1054.14	655.23	957.15
17	고	끈	100.00	571	7771	1200.89	1291.25	963.32
18	한	조국	100.00	521	5608	1130.18	908.55	970.54
19	고	닭	98.46	551	6610	1114.85	887.98	972.67
20	고	짜증	98.46	70	12769	1163.77	1512.15	973.05
21	한	회계	98.46	581	3876	1089.09	679.56	980.96
22	한	매각	100.00	631	3735	1066.38	559.39	984.07
23	한	논술	100.00	551	4797	1088.65	685.33	987.44
24	한	산업화	100.00	510	2814	1043.49	494.70	988.55
25	한	이해관계	100.00	551	4386	1121.17	852.86	993.94
26	한	대학원	100.00	431	5508	1127.62	855.36	999.83

27	한	인간관계	95.38	521	8051	1214.98	1193.44	1001.91
28	고	대구	96.92	600	4947	1128.89	757.91	1006.89
29	고	솜씨	90.77	571	4847	1128.78	755.44	1009.24
30	한	경기장	96.92	531	5859	1157.82	950.49	1010.00
31	한	학부모	100.00	581	6059	1176.94	976.02	1017.03
32	고	털	100.00	550	2514	1061.97	428.02	1018.48
33	한	자산	100.00	531	15903	1342.49	2010.56	1022.68
34	한	저서	98.46	40	7060	1178.02	978.29	1023.47
35	한	혼인	100.00	541	7151	1197.78	1026.89	1029.38
36	한	애인	84.62	601	9453	1204.92	1163.13	1031.29
37	고	어린애	100.00	521	4717	1146.00	854.84	1031.62
38	한	무의식	98.46	561	3805	1088.12	558.83	1032.65
39	한	체력	95.38	521	5148	1158.18	804.03	1036.48
40	한	정면	96.92	551	3625	1113.63	585.69	1038.06
41	한	인류학	100.00	591	2554	1074.22	462.99	1039.40
42	한	실업자	98.46	481	5328	1170.08	900.12	1039.65
43	한	개최	96.92	521	4357	1153.82	829.27	1040.03
44	한	한국어	93.85	511	3805	1132.08	681.24	1041.85
45	한	변형	100.00	561	2644	1097.08	502.21	1049.74
46	고	나비	98.46	581	5007	1179.35	841.90	1050.61
47	고	말하기	93.85	480	29312	1541.08	3554.38	1063.56
48	고	계집애	95.38	610	4957	1221.52	1008.07	1065.22
49	고	손톱	98.46	521	3355	1116.34	529.46	1065.29
50	고	버릇	100.00	561	4686	1176.43	748.70	1068.06
51	한	남학생	96.92	190	4327	1167.31	770.08	1072.44
52	고	이빨	96.92	590	7170	1267.91	1114.03	1076.02
53	한	관절	96.92	541	3765	1143.65	630.67	1076.91
54	한	현대인	100.00	511	5398	1240.77	1036.28	1078.67
55	한	정신적	95.38	511	3966	1169.69	789.75	1079.00
56	한	화석	100.00	580	3505	1170.94	708.99	1080.75
57	한	반발	95.38	460	2663	1121.95	504.17	1084.74
58	한	복	92.31	551	7541	1229.60	951.46	1085.67
59	고	무늬	93.85	601	3815	1156.57	545.59	1088.42
60	한	고용	96.92	501	4807	1231.95	971.29	1089.47
61	한	속력	96.92	521	4576	1197.42	803.79	1090.76

62	한	인간적	93.85	580	8722	1305.60	1263.49	1090.82
63	한	관광객	100.00	500	6920	1330.82	1389.83	1094.02
64	한	자살	93.85	500	4877	1245.42	921.58	1100.27
65	고	열흘	92.31	561	4917	1232.57	893.90	1102.47
66	한	토론회	98.46	491	7420	1264.42	1038.07	1106.31
67	고	낚시	96.92	531	4226	1225.60	839.37	1106.83
68	한	유명	98.46	541	10735	1303.08	1338.51	1107.09
69	고	몸뚱이	93.85	570	4967	1235.12	846.96	1107.59
70	고	울음	92.31	431	6119	1246.86	967.82	1108.29
71	고	잔디	96.92	501	3986	1206.40	778.83	1109.37
72	고	씨앗	100.00	581	6669	1257.14	967.11	1112.05
73	고	시늉	95.38	581	6369	1279.15	1039.69	1116.47
74	한	장남	90.77	521	2934	1177.38	528.74	1118.10
75	한	흑인	95.38	531	4066	1196.38	609.53	1118.11
76	한	방법론	100.00	510	6479	1274.71	1011.61	1123.83
77	한	궤도	93.85	531	9143	1287.72	1134.49	1126.27
78	고	달빛	100.00	621	3696	1193.98	582.84	1131.27
79	고	사나이	98.46	571	6749	1332.91	1156.52	1131.40
80	한	지능	96.92	501	3325	1197.52	688.31	1132.91
81	고	구실	6.15	451	5257	1256.08	817.36	1133.85
82	고	조카	95.38	561	6249	1316.72	1112.10	1140.85
83	한	독재	100.00	551	13059	1408.68	1670.41	1147.12
84	한	기금	98.46	571	10886	1374.48	1388.49	1149.46
85	고	어린아이	100.00	601	4436	1264.86	790.95	1149.91
86	한	수질	100.00	621	3646	1223.69	647.90	1153.28
87	한	곡식	92.31	501	37394	1861.23	4631.40	1153.92
88	한	비극	92.31	50	6489	1329.00	1119.37	1154.25
89	한	수송	100.00	550	6069	1324.74	1066.52	1154.77
90	한	노동조합	100.00	531	3906	1250.32	809.92	1155.41
91	고	울타리	98.46	510	7370	1368.52	1334.03	1155.69
92	한	중세	100.00	510	5618	1266.26	848.69	1158.56
93	고	아홉	100.00	661	5387	1297.98	877.22	1159.97
94	고	벌레	96.92	601	8041	1340.71	1162.75	1164.23
95	고	울음소리	100.00	591	9774	1395.18	1400.19	1167.05
96	고	가르침	96.92	531	4947	1289.78	911.81	1167.71

97	고	꼬마	100.00	601	16844	1524.05	2180.33	1167.81
98	고	개구리	93.85	541	4016	1249.82	772.25	1168.51
99	한	교통사고	100.00	490	8322	1427.55	1528.82	1173.71
100	한	의식	98.46	581	6760	1356.28	1170.82	1174.22
101	한	승인	100.00	600	3355	1250.48	696.88	1175.29
102	고	넋	93.85	581	5137	1308.51	923.65	1177.21
103	고	아쉬움	93.85	571	5218	1298.29	870.95	1180.54
104	고	오줌	96.92	580	8111	1379.91	1252.44	1187.56
105	한	도서관	95.38	451	4777	1319.66	1079.79	1189.83
106	한	고전	98.46	490	7571	1415.88	1371.78	1190.47
107	한	농구	69.23	580	3395	1264.82	659.71	1195.91
108	한	이치	89.23	50	7591	1338.74	1029.71	1196.41
109	고	며느리	100.00	551	5317	1329.46	965.48	1202.27
110	고	얼음	96.92	390	8973	1407.00	1311.81	1208.38
111	한	절망	93.85	500	16253	1530.40	2105.00	1210.21
112	한	보편적	98.46	561	9894	1481.63	1598.62	1211.01
113	한	무선	100.00	551	8192	1369.88	1111.23	1211.79
114	한	수험생	96.92	561	3946	1294.29	688.67	1214.31
115	고	개미	95.38	390	7030	1358.66	1112.07	1216.18
116	한	좌석	98.46	421	5377	1349.72	993.94	1222.30
117	고	젊음	93.85	451	10495	1451.37	1497.79	1223.00
118	고	껍질	96.92	551	8692	1403.57	1224.38	1225.49
119	고	붓	93.85	561	3425	1290.29	706.29	1227.96
120	한	간격	100.00	551	8292	1383.17	1096.13	1229.01
121	고	막내	90.77	601	8723	1510.20	1668.85	1230.39
122	한	고모	40.00	510	8322	1457.72	1364.95	1231.03
123	한	용	80.00	581	4978	1327.15	775.44	1233.78
124	한	본질적	98.46	571	6319	1381.97	1065.04	1234.45
125	한	국토	100.00	601	4447	1306.03	698.03	1236.03
126	한	도덕	96.92	440	5047	1345.54	841.57	1243.14
127	한	불신	98.46	531	3836	1330.29	738.61	1245.82
128	한	각오	87.69	531	7221	1385.40	1042.24	1246.68
129	한	증가율	100.00	531	3565	1325.35	736.06	1247.03
130	한	탄압	98.46	561	9324	1531.14	1746.81	1247.06
131	한	가요	86.15	560	7050	1433.17	1124.40	1250.38

132	한	확신	98.46	491	7802	1437.94	1202.67	1254.81
133	고	몸짓	100.00	641	11647	1490.97	1504.63	1257.00
134	고	바닷가	92.31	571	5187	1389.68	938.36	1259.61
135	한	전철	95.38	561	5598	1386.34	963.76	1263.63
136	고	뱀	96.92	501	5678	1393.54	926.54	1270.79
137	한	출판	100.00	500	7671	1432.02	1146.45	1270.92
138	고	발걸음	89.23	521	6469	1408.63	989.09	1273.49
139	한	쟁점	98.46	561	4186	1363.31	824.88	1275.91
140	고	아비	95.38	580	5759	1391.54	918.29	1278.12
141	한	덕	86.15	510	11626	1600.42	1813.77	1280.98
142	한	공해	100.00	601	7581	1477.55	1276.53	1287.35
143	고	게	96.92	511	7912	1440.51	1066.30	1290.27
144	한	결혼식	96.92	491	6640	1440.83	1156.95	1291.96
145	한	해소	95.38	551	7511	1471.38	1210.67	1292.35
146	고	강아지	98.46	531	7390	1445.82	1105.47	1297.16
147	고	빨래	95.38	611	13219	1605.86	1871.34	1299.11
148	한	붕괴	95.38	570	6910	1478.58	1265.59	1299.60
149	고	길거리	95.38	591	4216	1367.22	681.04	1300.87
150	고	턱	96.92	520	5768	1432.18	962.11	1302.09
151	고	읽기	95.38	581	5708	1454.95	1036.32	1303.43
152	한	인근	96.92	511	4967	1404.35	875.86	1305.71
153	한	원소	98.46	491	8262	1522.29	1434.88	1309.03
154	고	젖	95.38	591	5118	1452.26	1045.91	1310.13
155	한	염색체	93.85	521	12468	1683.32	2063.42	1311.10
156	한	충돌	86.15	541	8042	1514.83	1333.90	1313.03
157	고	김치	100.00	621	7471	1449.17	1036.68	1313.73
158	고	넓이	90.77	490	5828	1444.68	956.31	1314.07
159	한	운전사	98.46	551	15793	1579.78	1936.80	1324.21
160	고	날짜	96.92	570	6649	1499.80	1180.65	1328.11
161	고	쥐	98.46	561	5849	1505.34	1205.93	1329.90
162	한	손상	98.46	551	10905	1735.37	2271.51	1338.71
163	한	범인	92.31	440	5148	1447.02	1009.92	1339.95
164	한	발견	96.92	571	9864	1568.83	1544.76	1349.97
165	한	단독	96.92	501	5798	1510.23	1229.56	1351.66
166	한	물량	100.00	640	5678	1505.89	1063.43	1357.73

167	한	원자	98.46	601	8412	1548.38	1278.31	1358.74
168	고	더위	98.46	560	5668	1501.51	974.47	1362.40
169	한	평등	95.38	601	34760	1967.31	4252.92	1363.56
170	한	인형	89.23	591	11267	1601.86	1566.91	1377.46
171	고	외로움	95.38	521	16273	1768.51	2284.57	1381.52
172	고	기침	73.85	481	17314	1748.49	2264.45	1391.82
173	고	덩어리	100.00	590	4417	1495.92	948.42	1398.39
174	고	둘레	98.46	621	8172	1618.02	1401.42	1404.54
175	한	휴식	95.38	571	6569	1553.51	1156.64	1404.94
176	한	발행	100.00	501	8141	1567.72	1286.53	1409.95
177	한	절대	75.38	531	8882	1640.22	1544.40	1417.28
178	고	첫날	98.46	611	7091	1584.66	1149.02	1424.53
179	한	조성	98.46	581	6228	1578.22	1104.25	1426.28
180	한	삼각형	83.08	430	6489	1604.68	1329.72	1426.32
181	고	입맛	89.23	571	4647	1537.52	1036.83	1428.77
182	고	그리움	96.92	631	12458	1700.40	1684.48	1438.18
183	고	들판	83.08	591	6559	1633.97	1463.92	1442.23
184	고	먹이	92.31	511	5998	1600.66	1232.18	1446.94
185	한	마찰	87.69	551	7661	1665.89	1566.42	1458.97
186	고	물결	81.54	531	6489	1633.11	1266.73	1460.15
187	한	주연	98.46	571	28121	1969.98	3446.67	1460.17
188	고	때	93.85	621	4957	1584.25	1066.63	1470.90
189	고	주름	92.31	491	5668	1582.80	1086.87	1472.05
190	한	사안	98.46	691	6039	1614.43	1033.28	1480.51
191	고	꼭대기	98.46	441	6870	1654.38	1233.34	1491.12
192	고	골짜기	100.00	541	6690	1656.49	1336.55	1493.33
193	고	마누라	98.46	651	9113	1702.02	1413.72	1494.27
194	고	한가운데	100.00	621	8693	1751.75	1691.76	1499.71
195	한	채소	46.15	571	3485	1546.91	728.53	1501.85
196	한	전개	96.92	540	10035	1694.55	1376.81	1501.88
197	한	냉장고	87.69	491	7291	1684.75	1285.04	1507.22
198	한	경찰관	92.31	490	5708	1655.49	1241.61	1510.67
199	고	고추	95.38	621	6119	1632.92	1005.51	1511.91
200	고	옷차림	92.31	560	10986	1786.02	1777.92	1518.41
201	고	글쓰기	87.69	591	4998	1618.28	924.23	1522.48

202	고	가닥	92.31	621	10605	1803.05	1761.59	1523.53
203	고	갈래	67.69	671	12578	1776.40	1662.25	1538.30
204	고	오리	100.00	591	6560	1674.83	1139.04	1547.12
205	한	고난	96.92	560	20830	1920.75	2673.33	1549.44
206	고	알맹이	96.92	551	4887	1665.17	1112.35	1551.09
207	한	부실	90.77	580	6659	1727.69	1457.68	1554.29
208	한	화분	87.69	521	6189	1684.14	1221.15	1554.34
209	고	가죽	70.77	560	4847	1667.48	1056.63	1555.96
210	한	뇌물	98.46	631	7551	1790.26	1592.09	1563.41
211	한	친척	83.08	511	8583	1822.48	1727.46	1567.31
212	고	오른손	95.38	510	5398	1686.49	1077.19	1567.85
213	한	통	21.54	480	13489	1902.77	2092.13	1570.78
214	한	단속	92.31	621	17605	2001.08	2542.71	1576.29
215	한	공천	100.00	541	6069	1674.60	1035.67	1580.51
216	고	바퀴	98.46	671	5808	1706.58	1128.54	1587.62
217	고	제자리	96.92	661	8242	1784.11	1400.86	1588.86
218	고	치마	92.31	541	7260	1781.43	1371.62	1588.86
219	한	방어	80.00	531	9794	1869.80	1850.71	1590.61
220	한	생일	96.92	621	5708	1690.06	908.89	1595.74
221	고	햇볕	98.46	541	10675	1813.78	1596.77	1607.05
222	고	기둥	63.08	461	7761	1788.78	1433.94	1622.08
223	고	마무리	89.23	581	10185	1898.11	1709.75	1622.15
224	고	손길	84.62	631	5798	1756.25	1167.34	1628.36
225	한	오락	89.23	691	6459	1808.58	1231.60	1632.50
226	한	현관	87.69	521	7020	1820.32	1451.44	1644.75
227	고	자랑	80.00	581	13990	1982.69	2111.94	1660.19
228	한	농부	86.15	411	7050	1842.45	1489.78	1665.14
229	한	비난	81.54	481	13280	1970.65	2041.30	1671.59
230	한	소설가	90.77	481	7371	1871.82	1529.19	1677.91
231	고	소나무	87.69	571	4917	1759.65	1046.04	1679.54
232	한	포도주	70.77	621	21040	2156.98	2868.89	1680.74
233	고	일자리	92.31	611	11867	2106.57	2406.76	1688.49
234	고	거짓	98.46	621	5669	1841.94	1359.91	1702.32
235	고	발목	78.46	521	9954	1952.60	1676.36	1725.70
236	한	이모	23.08	541	11136	2031.98	1992.31	1726.45

237	고	혼잣말	90.77	441	7681	1928.52	1518.89	1727.20
238	한	향	70.77	541	9254	1975.45	1749.27	1745.36
239	고	촛불	95.38	571	10054	1940.60	1504.82	1746.61
240	고	배추	89.23	521	5819	1880.83	1331.44	1760.61
241	고	열쇠	70.77	541	7581	1930.11	1371.86	1770.49
242	고	발자국	92.31	531	15793	2109.46	2229.13	1780.42
243	고	흉내	72.31	621	9985	1975.26	1684.98	1780.68
244	고	가난	80.00	551	8633	2002.45	1615.97	1786.65
245	한	탑	46.15	451	6429	1923.89	1334.68	1789.93
246	한	농담	69.23	481	10335	2038.58	1708.47	1799.84
247	고	불꽃	92.31	681	8102	1971.65	1311.27	1811.44
248	고	터	50.77	581	9925	2033.85	1652.46	1813.95
249	고	살림	80.00	571	7781	2036.26	1515.95	1825.26
250	고	소금	70.77	501	8682	2022.14	1515.71	1835.98
251	고	도둑	86.15	571	13689	2145.89	2072.30	1845.79
252	한	마약	90.77	581	10595	2088.37	1947.40	1850.06
253	고	동아리	72.31	681	9454	2065.32	1578.31	1855.22
254	한	지옥	55.38	611	11467	2198.14	2159.32	1856.92
255	고	풀이	50.77	521	8162	2056.98	1508.40	1875.04
256	한	간	60.00	521	13559	2192.66	2118.71	1876.37
257	고	핑계	73.85	631	8402	2071.58	1597.16	1883.06
258	고	바닷물	96.92	681	8873	2062.11	1442.20	1887.68
259	고	가루	93.85	60	10555	2108.65	1739.76	1888.90
260	고	하룻밤	98.46	681	9023	2086.49	1504.78	1889.35
261	고	암컷	75.38	591	12889	2306.69	2647.58	1897.06
262	고	뒷모습	95.38	491	31295	2568.12	4099.37	1903.99
263	고	보름	90.77	550	8402	2138.49	1912.45	1906.92
264	한	추억	70.77	561	11336	2199.31	1951.77	1916.05
265	고	구경	26.15	531	9123	2115.51	1751.38	1916.34
266	고	기름	93.85	611	15432	2197.88	2061.64	1916.85
267	고	줄거리	83.08	551	7081	2098.28	1463.38	1921.51
268	한	탁자	61.54	551	10845	2275.78	2248.98	1921.89
269	한	녹색	80.00	541	7221	2088.42	1565.22	1923.68
270	고	우물	87.69	581	6900	2120.31	1541.54	1954.37
271	고	안팎	95.38	691	11527	2218.78	1861.69	1958.49

번호	구분	단어	값					
272	한	주차장	89.23	511	12508	2376.26	2489.09	1968.17
273	고	추위	86.15	661	11015	2247.20	2018.09	1975.31
274	한	암	55.38	521	8042	2163.43	1721.39	1975.89
275	고	막걸리	93.85	721	8121	2171.42	1515.51	1991.13
276	고	사냥	80.00	561	19418	2508.52	3026.12	2021.10
277	한	총	41.54	671	13259	2351.06	2250.87	2040.09
278	고	몸매	76.92	681	7931	2207.94	1332.42	2066.18
279	고	화살	50.77	560	9915	2326.62	1877.79	2106.91
280	고	물감	52.31	551	8292	2320.15	1791.91	2120.65
281	한	과자	38.46	460	10395	2379.66	2059.03	2133.15
282	한	농장	89.23	571	11336	2418.35	2112.76	2142.55
283	고	술집	83.08	621	7721	2341.55	1547.26	2165.67
284	고	발길	89.23	731	9714	2371.32	1615.50	2182.50
285	고	열매	64.62	591	11907	2558.77	2536.38	2185.49
286	고	접시	93.85	651	21201	2693.57	3273.92	2219.09
287	고	도시락	55.38	641	14291	2703.11	2973.87	2228.92
288	고	임금님	73.85	611	11557	2585.49	2469.60	2265.98
289	한	감기	30.77	581	11937	2539.43	2059.08	2277.39
290	고	담	60.00	581	9403	2440.88	1828.39	2278.10
291	고	논	78.46	681	13209	2656.32	2509.14	2293.87
292	한	공주	76.92	681	17114	2668.17	2506.80	2303.63
293	한	임무	92.31	631	10265	2558.57	2268.89	2315.85
294	한	상자	40.00	501	7501	2526.18	1828.73	2384.58
295	한	식	92.31	731	11536	2712.03	1956.29	2447.25
296	한	폭포	50.77	591	14811	2846.37	2714.32	2485.29
297	한	반지	26.15	601	9114	2733.48	2260.11	2504.25
298	한	축소	100.00	821	23924	2984.55	3050.23	2589.86
299	고	잔치	89.23	701	21771	3234.35	3343.80	2737.34
300	고	장난	70.77	762	13810	3530.97	3146.86	3152.27
평균			89.33			평균		1418.48
표준편차			15.96			표준편차		384.57

◎ [표 2] 3장 실험 한자어/고유어 반응시간별 순위

한자어				고유어			
순위	제시어	5%절사평균	정답률	순위	제시어	5%절사평균	정답률
1	집권	759.29	98.46	1	뺨	905.80	96.92
2	민족주의	771.39	100.00	2	콩	913.14	98.46
3	입법	796.06	98.46	3	글씨	949.23	98.46
4	특파원	825.40	100.00	4	끈	963.32	100.00
5	현행	830.64	96.92	5	닭	972.67	98.46
6	협조	847.83	98.46	6	짜증	973.05	98.46
7	적성	861.79	96.92	7	대구	1006.89	96.92
8	필연적	867.63	100.00	8	솜씨	1009.24	90.77
9	소송	878.70	100.00	9	털	1018.48	100.00
10	관습	935.22	96.92	10	어린애	1031.62	100.00
11	창업	937.98	100.00	11	나비	1050.61	98.46
12	본성	950.76	98.46	12	말하기	1063.56	93.85
13	역량	957.15	100.00	13	계집애	1065.22	95.38
14	조국	970.54	100.00	14	손톱	1065.29	98.46
15	회계	980.96	98.46	15	버릇	1068.06	100.00
16	매각	984.07	100.00	16	이빨	1076.02	96.92
17	논술	987.44	100.00	17	무늬	1088.42	93.85
18	산업화	988.55	100.00	18	열흘	1102.47	92.31
19	이해관계	993.94	100.00	19	낚시	1106.83	96.92
20	대학원	999.83	100.00	20	몸뚱이	1107.59	93.85
21	인간관계	1001.91	95.38	21	울음	1108.29	92.31
22	경기장	1010.00	96.92	22	잔디	1109.37	96.92
23	학부모	1017.03	100.00	23	씨앗	1112.05	100.00
24	자산	1022.68	100.00	24	시늉	1116.47	95.38
25	저서	1023.47	98.46	25	달빛	1131.27	100.00
26	혼인	1029.38	100.00	26	사나이	1131.40	98.46
27	애인	1031.29	84.62	27	구실	1133.85	6.15
28	무의식	1032.65	98.46	28	조카	1140.85	95.38
29	체력	1036.48	95.38	29	어린아이	1149.91	100.00
30	정면	1038.06	96.92	30	울타리	1155.69	98.46
31	인류학	1039.40	100.00	31	아홉	1159.97	100.00
32	실업자	1039.65	98.46	32	벌레	1164.23	96.92

33	개최	1040.03	96.92	33	울음소리	1167.05	100.00
34	한국어	1041.85	93.85	34	가르침	1167.71	96.92
35	변형	1049.74	100.00	35	꼬마	1167.81	100.00
36	남학생	1072.44	96.92	36	개구리	1168.51	93.85
37	관절	1076.91	96.92	37	넋	1177.21	93.85
38	현대인	1078.67	100.00	38	아쉬움	1180.54	93.85
39	정신적	1079.00	95.38	39	오줌	1187.56	96.92
40	화석	1080.75	100.00	40	며느리	1202.27	100.00
41	반발	1084.74	95.38	41	얼음	1208.38	96.92
42	복	1085.67	92.31	42	개미	1216.18	95.38
43	고용	1089.47	96.92	43	젊음	1223.00	93.85
44	속력	1090.76	96.92	44	껍질	1225.49	96.92
45	인간적	1090.82	93.85	45	붓	1227.96	93.85
46	관광객	1094.02	100.00	46	막내	1230.39	90.77
47	자살	1100.27	93.85	47	몸짓	1257.00	100.00
48	토론회	1106.31	98.46	48	바닷가	1259.61	92.31
49	유명	1107.09	98.46	49	뱀	1270.79	96.92
50	장남	1118.10	90.77	50	발걸음	1273.49	89.23
51	흑인	1118.11	95.38	51	아비	1278.12	95.38
52	방법론	1123.83	100.00	52	게	1290.27	96.92
53	궤도	1126.27	93.85	53	강아지	1297.16	98.46
54	지능	1132.91	96.92	54	빨래	1299.11	95.38
55	독재	1147.12	100.00	55	길거리	1300.87	95.38
56	기금	1149.46	98.46	56	턱	1302.09	96.92
57	수질	1153.28	100.00	57	읽기	1303.43	95.38
58	곡식	1153.92	92.31	58	젖	1310.13	95.38
59	비극	1154.25	92.31	59	김치	1313.73	100.00
60	수송	1154.77	100.00	60	넓이	1314.07	90.77
61	노동조합	1155.41	100.00	61	날짜	1328.11	96.92
62	중세	1158.56	100.00	62	쥐	1329.90	98.46
63	교통사고	1173.71	100.00	63	더위	1362.40	98.46
64	의식	1174.22	98.46	64	외로움	1381.52	95.38
65	승인	1175.29	100.00	65	기침	1391.82	73.85
66	도서관	1189.83	95.38	66	덩어리	1398.39	100.00
67	고전	1190.47	98.46	67	둘레	1404.54	98.46

68	농구	1195.91	69.23	68	첫날	1424.53	98.46
69	이치	1196.41	89.23	69	입맛	1428.77	89.23
70	절망	1210.21	93.85	70	그리움	1438.18	96.92
71	보편적	1211.01	98.46	71	들판	1442.23	83.08
72	무선	1211.79	100.00	72	먹이	1446.94	92.31
73	수험생	1214.31	96.92	73	물결	1460.15	81.54
74	좌석	1222.30	98.46	74	때	1470.90	93.85
75	간격	1229.01	100.00	75	주름	1472.05	92.31
76	고모	1231.03	40.00	76	꼭대기	1491.12	98.46
77	용	1233.78	80.00	77	골짜기	1493.33	100.00
78	본질적	1234.45	98.46	78	마누라	1494.27	98.46
79	국토	1236.03	100.00	79	한가운데	1499.71	100.00
80	도덕	1243.14	96.92	80	고추	1511.91	95.38
81	불신	1245.82	98.46	81	옷차림	1518.41	92.31
82	각오	1246.68	87.69	82	글쓰기	1522.48	87.69
83	증가율	1247.03	100.00	83	가닥	1523.53	92.31
84	탄압	1247.06	98.46	84	갈래	1538.30	67.69
85	가요	1250.38	86.15	85	오리	1547.12	100.00
86	확신	1254.81	98.46	86	알맹이	1551.09	96.92
87	전철	1263.63	95.38	87	가죽	1555.96	70.77
88	출판	1270.92	100.00	88	오른손	1567.85	95.38
89	쟁점	1275.91	98.46	89	바퀴	1587.62	98.46
90	덕	1280.98	86.15	90	제자리	1588.86	96.92
91	공해	1287.35	100.00	91	치마	1588.86	92.31
92	결혼식	1291.96	96.92	92	햇볕	1607.05	98.46
93	해소	1292.35	95.38	93	기둥	1622.08	63.08
94	붕괴	1299.60	95.38	94	마무리	1622.15	89.23
95	인근	1305.71	96.92	95	손길	1628.36	84.62
96	원소	1309.03	98.46	96	자랑	1660.19	80.00
97	염색체	1311.10	93.85	97	소나무	1679.54	87.69
98	충돌	1313.03	86.15	98	일자리	1688.49	92.31
99	운전사	1324.21	98.46	99	거짓	1702.32	98.46
100	손상	1338.71	98.46	100	발목	1725.70	78.46
101	범인	1339.95	92.31	101	혼잣말	1727.20	90.77
102	발견	1349.97	96.92	102	촛불	1746.61	95.38

103	단독	1351.66	96.92	103	배추	1760.61	89.23
104	물량	1357.73	100.00	104	열쇠	1770.49	70.77
105	원자	1358.74	98.46	105	발자국	1780.42	92.31
106	평등	1363.56	95.38	106	흉내	1780.68	72.31
107	인형	1377.46	89.23	107	가난	1786.65	80.00
108	휴식	1404.94	95.38	108	불꽃	1811.44	92.31
109	발행	1409.95	100.00	109	터	1813.95	50.77
110	절대	1417.28	75.38	110	살림	1825.26	80.00
111	조성	1426.28	98.46	111	소금	1835.98	70.77
112	삼각형	1426.32	83.08	112	도둑	1845.79	86.15
113	마찰	1458.97	87.69	113	동아리	1855.22	72.31
114	주연	1460.17	98.46	114	풀이	1875.04	50.77
115	사안	1480.51	98.46	115	핑계	1883.06	73.85
116	채소	1501.85	46.15	116	바닷물	1887.68	96.92
117	전개	1501.88	96.92	117	가루	1888.90	93.85
118	냉장고	1507.22	87.69	118	하룻밤	1889.35	98.46
119	경찰관	1510.67	92.31	119	암컷	1897.06	75.38
120	고난	1549.44	96.92	120	뒷모습	1903.99	95.38
121	부실	1554.29	90.77	121	보름	1906.92	90.77
122	화분	1554.34	87.69	122	구경	1916.34	26.15
123	뇌물	1563.41	98.46	123	기름	1916.85	93.85
124	친척	1567.31	83.08	124	줄거리	1921.51	83.08
125	통	1570.78	21.54	125	우물	1954.37	87.69
126	단속	1576.29	92.31	126	안팎	1958.49	95.38
127	공천	1580.51	100.00	127	추위	1975.31	86.15
128	방어	1590.61	80.00	128	막걸리	1991.13	93.85
129	생일	1595.74	96.92	129	사냥	2021.10	80.00
130	오락	1632.50	89.23	130	몸매	2066.18	76.92
131	현관	1644.75	87.69	131	화살	2106.91	50.77
132	농부	1665.14	86.15	132	물감	2120.65	52.31
133	비난	1671.59	81.54	133	술집	2165.67	83.08
134	소설가	1677.91	90.77	134	발길	2182.50	89.23
135	포도주	1680.74	70.77	135	열매	2185.49	64.62
136	이모	1726.45	23.08	136	접시	2219.09	93.85
137	향	1745.36	70.77	137	도시락	2228.92	55.38

138	탑	1789.93	46.15	138	임금님	2265.98	73.85
139	농담	1799.84	69.23	139	담	2278.10	60.00
140	마약	1850.06	90.77	140	논	2293.87	78.46
141	지옥	1856.92	55.38	141	잔치	2737.34	89.23
142	간	1876.37	60.00	142	장난	3152.27	70.77
143	추억	1916.05	70.77				
144	탁자	1921.89	61.54				
145	녹색	1923.68	80.00				
146	주차장	1968.17	89.23				
147	암	1975.89	55.38				
148	총	2040.09	41.54				
149	과자	2133.15	38.46				
150	농장	2142.55	89.23				
151	감기	2277.39	30.77				
152	공주	2303.63	76.92				
153	임무	2315.85	92.31				
154	상자	2384.58	40.00				
155	식	2447.25	92.31				
156	폭포	2485.29	50.77				
157	반지	2504.25	26.15				
158	축소	2589.86	100.00				
평균		1340.16	89.56	평균		1505.62	89.07
표준편차		381.87	17.19	표준편차		396.32	14.54

◎ [표 3] 3장 실험 단어별 정답률

단어별 정답률				
순위	한자어/고유어 판단시		독음시	
1	축소	100.00	남학생	100.00
2	산업화	100.00	생일	98.61
3	공해	100.00	장남	94.44
5	독재	100.00	화석	93.06
8	방법론	100.00	중세	93.06
9	물량	100.00	정면	93.06
10	수송	100.00	유명	91.67
12	관광객	100.00	학부모	90.28
13	변형	100.00	애인	90.28
16	창업	100.00	한국어	86.11
19	논술	100.00	공주	83.33
20	화석	100.00	대학원	83.33
22	국토	100.00	입법	83.33
23	인류학	100.00	본성	81.94
25	발행	100.00	인간적	80.56
27	혼인	100.00	발행	80.56
28	필연적	100.00	조국	79.17
31	역량	100.00	발견	77.78
32	무선	100.00	필연적	77.78
33	노동조합	100.00	인형	77.78
34	공천	100.00	체력	77.78
35	학부모	100.00	소설가	76.39
40	간격	100.00	불신	76.39
41	현대인	100.00	국토	75.00
42	대학원	100.00	흑인	75.00
45	특파원	100.00	복	75.00
46	교통사고	100.00	본질적	70.83
50	증가율	100.00	현대인	70.83
51	중세	100.00	방법론	69.44
52	조국	100.00	용	68.06
54	자산	100.00	삼각형	66.67

55	민족주의	100.00	회계	63.89
57	수질	100.00	원자	62.50
61	소송	100.00	감기	62.50
63	이해관계	100.00	지능	62.50
64	매각	100.00	인간관계	62.50
66	출판	100.00	실업자	61.11
68	승인	100.00	현행	59.72
69	원자	98.46	부실	59.72
72	본질적	98.46	평등	58.33
73	회계	98.46	수질	58.33
75	주연	98.46	고전	56.94
76	손상	98.46	무의식	56.94
78	의식	98.46	반발	56.94
82	본성	98.46	민족주의	56.94
83	원소	98.46	산업화	55.56
85	보편적	98.46	도서관	54.17
87	유명	98.46	기금	54.17
89	탄압	98.46	농부	52.78
90	토론회	98.46	교통사고	52.78
92	좌석	98.46	쟁점	52.78
93	뇌물	98.46	의식	51.39
94	집권	98.46	도덕	51.39
96	고전	98.46	변형	50.00
97	저서	98.46	식	48.61
98	실업자	98.46	관광객	48.61
100	무의식	98.46	인류학	48.61
101	사안	98.46	정신적	48.61
103	불신	98.46	속력	47.22
104	운전사	98.46	사안	45.83
105	입법	98.46	고모	45.83
106	쟁점	98.46	자살	45.83
109	조성	98.46	이해관계	45.83
110	기금	98.46	농장	44.44
111	확신	98.46	논술	43.06
112	협조	98.46	덕	43.06

113	생일	96.92	녹색	43.06
116	고난	96.92	노동조합	43.06
117	발견	96.92	향	41.67
119	인근	96.92	승인	41.67
122	수험생	96.92	고난	40.28
124	전개	96.92	이치	40.28
125	현행	96.92	공해	37.50
127	단독	96.92	물량	37.50
128	지능	96.92	비난	37.50
131	적성	96.92	전개	37.50
134	결혼식	96.92	주차장	34.72
136	도덕	96.92	단독	34.72
138	관절	96.92	관절	34.72
139	남학생	96.92	휴식	31.94
142	고용	96.92	반지	31.94
143	경기장	96.92	역량	31.94
145	속력	96.92	해소	31.94
147	정면	96.92	출판	31.94
148	개최	96.92	창업	29.17
150	관습	96.92	좌석	29.17
153	평등	95.38	저서	29.17
154	휴식	95.38	협조	29.17
156	해소	95.38	수험생	27.78
157	인간관계	95.38	적성	27.78
158	붕괴	95.38	조성	27.78
162	흑인	95.38	간	26.39
165	도서관	95.38	결혼식	25.00
167	정신적	95.38	오락	23.61
168	반발	95.38	보편적	22.22
170	전철	95.38	무선	22.22
174	체력	95.38	범인	22.22
175	염색체	93.85	화분	22.22
178	인간적	93.85	운전사	22.22
181	절망	93.85	관습	20.83
182	한국어	93.85	단속	19.44

184	궤도	93.85	염색체	19.44
185	자살	93.85	절망	19.44
186	식	92.31	자산	19.44
187	단속	92.31	전철	19.44
191	경찰관	92.31	경기장	18.06
193	범인	92.31	원소	16.67
196	임무	92.31	토론회	16.67
197	비극	92.31	임무	16.67
198	곡식	92.31	절대	16.67
200	복	92.31	매각	16.67
204	마약	90.77	가요	16.67
205	소설가	90.77	탑	15.28
207	장남	90.77	현관	13.89
212	부실	90.77	경찰관	13.89
214	오락	89.23	증가율	13.89
215	이치	89.23	확신	13.89
217	주차장	89.23	각오	13.89
219	농장	89.23	암	12.50
220	인형	89.23	혼인	12.50
221	현관	87.69	냉장고	12.50
224	마찰	87.69	특파원	12.50
227	냉장고	87.69	총	12.50
228	화분	87.69	인근	11.11
231	각오	87.69	주연	9.72
233	농부	86.15	탁자	9.72
234	덕	86.15	이모	9.72
237	충돌	86.15	탄압	8.33
239	가요	86.15	지옥	8.33
241	애인	84.62	개최	8.33
242	친척	83.08	폭포	6.94
244	삼각형	83.08	친척	6.94
245	비난	81.54	상자	6.94
249	녹색	80.00	붕괴	6.94
251	방어	80.00	통	6.94
252	용	80.00	비극	6.94

258	공주	76.92	곡식	6.94
259	절대	75.38	축소	5.56
262	향	70.77	수송	5.56
264	포도주	70.77	마약	5.56
269	추억	70.77	과자	5.56
271	농담	69.23	농담	5.56
272	농구	69.23	뇌물	5.56
276	탁자	61.54	추억	5.56
278	간	60.00	농구	5.56
282	암	55.38	독재	4.17
284	지옥	55.38	손상	4.17
286	폭포	50.77	마찰	4.17
287	채소	46.15	집권	4.17
288	탑	46.15	간격	4.17
291	총	41.54	채소	4.17
292	상자	40.00	충돌	4.17
293	고모	40.00	소송	4.17
295	과자	38.46	포도주	2.78
296	감기	30.77	고용	2.78
297	반지	26.15	방어	1.39
298	이모	23.08	궤도	1.39
299	통	21.54	공천	0.00
	평균	89.56	평균	38.23
	표준편차	17.19	표준편차	27.99

◎ [표 4] 3장 실험 참가자별 정답률

참가자별 정답률			
한자어/고유어 판단시		독음시	
참가자번호	정답률	참가자번호	정답률
1	92.67	1	81.65
2	90.00	2	66.46
3	96.33	3	36.08
4	91.67	4	40.51
5	85.67	5	62.66
6	90.67	6	68.99
7	84.67	7	67.72
8	88.67	8	58.86
9	93.67	9	17.72
10	92.00	10	6.33
11	90.67	11	44.30
12	83.33	12	39.24
13	89.00	13	18.99
14	86.00	14	57.59
15	83.33	15	43.67
16	90.67	16	90.51
17	86.00	17	15.82
18	93.67	18	12.03
19	91.00	19	86.71
20	88.67	20	6.33
21	95.33	21	32.91
22	90.00	22	28.48
23	91.00	23	5.06
24	93.67	24	6.96
25	86.67	25	39.87
26	87.33	26	26.58
27	91.00	27	32.28
28	92.67	28	25.32
29	87.00	29	30.38
30	89.00	30	51.27
31	88.00	31	51.27

32	80.33	32	64.56
33	90.33	33	34.81
34	83.67	34	72.78
35	83.33	35	26.58
36	94.00	36	12.66
37	87.67	37	34.81
38	91.00	38	15.82
39	84.00	39	25.95
40	93.67	40	36.08
41	92.00	41	36.71
42	91.00	42	13.92
43	90.33	43	15.82
44	92.00	44	13.92
45	91.33	45	15.19
46	86.67	46	22.78
47	90.67	47	56.33
48	85.00	48	43.67
49	92.67	49	63.29
50	89.67	50	22.78
51	88.67	51	23.42
52	93.33	52	83.54
53	78.67	53	34.81
54	87.00	54	60.76
55	88.33	55	33.54
56	94.67	56	34.81
57	85.67	57	51.90
58	90.67	58	44.30
59	83.67	59	53.80
60	89.33	60	81.65
61	96.00	61	39.24
62	90.67	62	24.05
63	89.33	63	24.68
64	93.33	64	20.89
65	87.67	65	38.61
		66	18.99

		67	32.28
		68	70.89
		69	53.80
		70	18.35
		71	14.56
		72	12.66
평균	89.33	평균	38.23
표준편차	3.76	표준편차	21.96

◎ [표 5] 3장 실험 참가자 한자학습도별 정답률

참가자	기간			학교 외	자격증	정답률	
	초	중	고				
5		3		학습지	2급	85.67	90.83
84	6	3	3		2급	96.00	
22					3급	90.00	91.08
49		3			3급	87.67	
61		3	1	학습지7년	3급	92.00	
76	3	3			3급	94.67	
1		?	1	학원2년	4급	92.67	91.67
72		2	1		4급	93.33	
78	2	3	2	학습지3년	4급	90.67	
88	6	3		학습지3년	4급	87.67	
48		2		학원2년	준4급	94.00	
12			2		5급	83.33	88.07
20		2		학원	5급	88.67	
44		2	1	학습지2년	5급	80.33	
64			1		5급	92.00	
65	2	3	1		5급	91.33	
66		2	2	학원1년	5급	86.67	
85		1	1		5급	90.67	
86		2	1	학습지1.5년	5급	89.33	
63		1	1	학원1년	준5급	90.33	
40		3	3	학습지1년	6급	88.00	89.10
69		3	2		6급	92.67	
70		1	2		8급	89.67	
2			2			90.00	
3		3	1			96.33	
4		2	1			91.67	
6		2	1	학습지2년		90.67	
7		3	1			84.67	
8		1	2			88.67	
9		2				93.67	

10		1	2			92.00	
11		2		학습지1년		90.67	
13		2	1			89.00	
14			1			86.00	
15		1	1			83.33	
16		3				90.67	
17						86.00	
18		1	1			93.67	
19		3		학습지3년		91.00	
21	3	2	2			95.33	
23		3				91.00	
24	3	3	3			93.67	
25	3	1				86.67	
31			1			87.33	
36		3	1			91.00	
37		3	1			92.67	
38		3				87.00	
39		2				89.00	
45			1			90.33	
46		2				83.67	
47		2				83.33	
50		2	1	학습지2년		91.00	
51		3	1			84.00	
52	?	?				93.67	
62		3	1			91.00	
67		1		학습지0.5년		90.67	
68		3				85.00	
71		1	1			88.67	
73			2			78.67	
74	1					87.00	
75		3	2	학습지3년		88.33	
77		3	2	학습지1년		85.67	
79		1	1	학습지1년		83.67	
80		1				89.33	
87		3	2			93.33	

| | | | | 평균 | 89.33 | |
| | | | | 표준편차 | 3.76 | |

			독음시			
참가자	기간			학교 외	자격증	정답률	

참가자	초	중	고	학교 외	자격증	정답률	
19		3	1	학습지5년	2급	90.51	86.29
22		3		학원4년	2급	86.71	
68		1	1		2급	81.65	
5		1	1	학습지5년	3급	62.66	72.36
60		3		공부방1년	3급	83.54	
76		1	1		3급	70.89	
2	2	3	3	학습지2년	4급	66.46	50.06
8				학원1년	4급	58.86	
17		1	1		4급	57.59	
31		3	3		4급	39.87	
38	1	1	1		4급	64.56	
39		1	1	학습지0.5년	4급	34.81	
43		1			4급	34.81	
56		3			4급	43.67	
62			1	학원	4급	60.76	
69		1	1		준4급	39.24	
11				서당	5급	44.30	47.47
26		3	1		5급	28.48	
57		2	1		5급	63.29	
67		3	2		5급	53.80	
49		2	1		6급	36.71	30.50
55		1	1		6급	56.33	
61		2			6급	34.81	
65		2			6급	51.90	
18	3	3	3		7급	43.67	
70	6	3	1		7급	24.05	
1			1	독학		81.65	
3		1	1	학습지0.5년		36.08	
4		3	1			40.51	
6		2	1	학습지4년		68.99	

7	3			학습지2년		67.72
9		3	1			17.72
10		1				6.33
13		3				39.24
15		1				18.99
20		1	1			15.82
21			2			12.03
23		2				6.33
24		3	1			32.91
27				학원1년		5.06
28		3		학습지0.5년		6.96
32	1	1	1			26.58
33		2				32.28
34		3				25.32
35	1					30.38
36		3	2	준5급		51.27
37		3	2			51.27
40		3	1	학습지1년		72.78
41		3	1			26.58
42		3				12.66
44		2	1			15.82
45		2	1			25.95
46			1	학습지1년		36.08
50			1			13.92
51		3	2			15.82
52		1				13.92
53	2					15.19
54		3	2			22.78
58		3	1			22.78
59	4	2				23.42
63			1	학원1.5		33.54
64		3	1			34.81
66		3				44.30
71		2				24.68
72		1	1			20.89

73			1			38.61	
74	3	1	1			18.99	
75		1	1			32.28	
77		1	1			53.80	
78		1	1			18.35	
79			1			14.56	
80		3	1			12.66	
					평균	38.23	
					표준 편차	21.96	

	1차					2차				
1	가로수	44	인구	87	책상	1	독립성	44	달인	87	감탄
2	보항	45	방송인	88	등산	2	칙국	45	방송인	88	도형
3	회식	46	맥체	89	심리	3	입대	46	백농물	89	충심
4	명진	47	발졸	90	애국심	4	타규	47	복최	90	애국심
5	신제품	48	융자	91	고혈압	5	침대	48	선녀	91	등록금
6	지갑	49	회장	92	강당	6	포도	49	이득	92	권투
7	육찰	50	협동	93	세액	7	증입	50	도망	93	인세
8	학점	51	물리	94	양도세	8	광산	51	광물	94	양도세
9	감각	52	축산물	95	협목기	9	직감	52	축산물	95	각달
10	배신감	53	파흡	96	독감	10	배신감	53	대옥용	96	평론
11	배달	54	농작물	97	오식류	11	가야금	54	비서실	97	다건
12	가치	55	맥요	98	벌금	12	물가	55	추용	98	조교
13	전세가	56	정울	99	만화책	13	전세가	56	치구적	99	약수터
14	최착	57	경쟁률	100	설교	14	청속	57	입장료	100	낭설
15	도로	58	실내	101	열애설	15	대각선	58	침실	101	열애설
16	온도	59	강의실	102	착근생	16	수영	59	강의실	102	균봉
17	학풍	60	교육열	103	귀가	17	철학	60	미생물	103	거인
18	생물학	61	동요	104	권세	18	생물학	61	질소	104	판권
19	이력서	62	복장	105	매매권	19	영양소	62	교복	105	매매권
20	만두	63	수영복	106	두부	20	사자	63	수영복	106	고고학
21	원장	64	개격	107	멸망	21	병원	64	체가고	107	무죄
22	요양원	65	출세	108	주막	22	요양원	65	계란	108	맥주
23	안경	66	과소비	109	폭탄주	23	체념	66	마법사	109	폭탄주
24	요령	67	원자력	110	시험지	24	왕비	67	노숙자	110	본명
25	처지	68	역사	111	이달계	25	출처	68	효소	111	적건
26	거래처	69	형부	112	연습	26	거래처	69	낙타	112	간염
27	두통	70	어학	113	궁궐	27	저장	70	신어	113	역부족
28	토기	71	검색어	114	한뢰도	28	강남	71	검색어	114	품촌양
29	인타	72	결승전	115	가반금	29	순혹	72	수족관	115	핍식
30	주소록	73	괴협	116	품성	30	생필품	73	충찬	116	상품
31	단풍	74	화가	117	사치품	31	본론	74	거절	117	사치품
32	용도	75	명충	118	번뇌	32	식용	75	의위	118	간식

33	공업용	76	가속도	119	목주생	33	공업용	76	창문	119	처토
34	능률	77	점단	120	암석	34	색소	77	향오석	120	낙하산
35	계획서	78	암호	121	과질점	35	초인종	78	중계	121	타특
36	지뢰	79	민생	122	기처도	36	농지	79	농민	122	자자적
37	사유지	80	유목민	123	목요일	37	사유지	80	유목민	123	게시판
38	연봉	81	반진초	124	속대어	38	평면	81	뇌연	124	검삽
39	핵주	82	가맹점	125	은행	39	산상금	82	잠수함	125	벽지
40	관람	83	직책	126	윤지하	40	변기	83	사형	126	보계대
41	표료	84	회의	127	포장	41	근점	84	학회	127	흡연
42	핵보	85	연주회	128	묵극자	42	삽수	85	연주회	128	계생
43	남동생	86	외박	129	운시심	43	당뇨병	86	등대	129	과근기

◎ [표 7] 4장 실험 학부생 참가자 한자학습도

참가자	학습기간			학교 외
	초	중	고	
1		2	1	서예 학원 1년
2		3	3	
3		3	2	
4		2	1	
5			2	
6		1	2	
7		3	1	
8			2	
9		3	3	서예 학원 1년
10		3	3	
11			1	
12		2		
13		2	3	
14		2		
15		2	2	
16		3	1	서예 학원 1년
17		3	2	
18	2	3	1	
19		3	2	
20		1	1	
21		1	1	
22		3	1	
23		3	2	
24	1	2		
25	4	3	2	

안소진

· 서울 출생
· 서울대학교 인문대학 국어국문학과 학사
· 서울대학교 인문대학 국어국문학과 석사
· 서울대학교 인문대학 국어국문학과 박사
· 서울시립대학교 학사교육원 글쓰기센터 객원교수
· 현재 울산대학교 국어국문학부 조교수

주요 논문

· '한자어의 경음화'에 대한 재론(2005)
· 소위 삼인칭 대명사 '그, 그녀'의 기능에 대하여(2008)
· 한자어 구성 음절의 특징에 대하여 – 고빈도 2음절 한자어를 대상으로(2009)
· 어휘부 등재 논의의 경향과 쟁점(2012)
· 한자어 형태론의 제 문제와 어휘부(2014)

國語學叢書 69

심리어휘부에 기반한 한자어 연구

초판 제1쇄 인쇄 2014년 9월 3일
초판 제1쇄 발행 2014년 9월 10일
지은이 안소진
펴낸이 지현구 **펴낸곳** 태학사 **등록** 제406-2006-00008호
주소 경기도 파주시 광인사길 223
전화 마케팅부 (031) 955-7580~82 편집부 (031) 955-7585~89 **전송** (031) 955-0910
전자우편 thaehak4@chol.com **홈페이지** www.thaehaksa.com

ⓒ 안소진, 2014

값은 뒤표지에 있습니다.

ISBN 978-89-5966-649-2 94710
ISBN 978-89-7626-147-2 (세트)

國語學 叢書 目錄

國語學 叢書 目錄